KB105505

JLPT 일본어능력시험 N2
완벽 실전 대비서!

# JLPT N2
# 모의고사 단기완성

2회분

저자 | 황요찬

YBM YBM 홀딩스

# JLPT N2 모의고사 단기완성 2회분


발행인 민선식
펴낸곳 와이비엠홀딩스

저자 황요찬
기획 고성희
마케팅 정연철, 박천산, 고영노, 박찬경, 김동진, 김윤하
디자인 이미화, 박성희

초판 인쇄 2019년 1월 2일
초판 발행 2019년 1월 7일

신고일자 2012년 4월 12일
신고번호 제2012-000060호
주소 서울시 종로구 종로 104
전화 (02)2000-0154
팩스 (02)2271-0172
홈페이지 www.ybmbooks.com

ISBN 978-89-6348-163-0



저작권자 © 2019 와이비엠홀딩스
서면에 의한 와이비엠홀딩스의 허락 없이 내용의 일부 혹은 전부를 인용 및 복제하거나 발췌하는 것을 금합니다.
낙장 및 파본은 교환해 드립니다. 구입 철회는 구매처 규정에 따라 교환 및 환불 처리됩니다.

# 무료 동영상강의 보는 방법

**1.**

YBM 홈페이지(**www.ybmbooks.com**)
검색창에 **[JLPT N2 모의고사 단기완성]**을
입력

**2.**

**[JLPT N2 모의고사 단기완성]** 검색 결과
페이지에서 **[무료특강]**을 클릭

**3.**

동영상강의 목록에서 보고 싶은 챕터를 클릭하면
동영상강의가 재생

YouTube에서 'YBM Books' 채널을 구독하시면 모바일에서도 강의를 보실 수 있습니다.
(유튜브 사이트 혹은 앱에서 'YBM Books' 또는 'JLPT N2 모의고사 단기완성' 검색)

## 동영상강의&저자 온라인 개인지도 서비스

**황요찬**

**약력**
경희대학교 일어학 석사
전) YBM어학원 JLPT&JPT 전문강사
현) 일공학원 EJU 전문강사
YBM 등에서 다수의 동영상강의 진행

**주요 저서**
굿모닝 독학 일본어 문법
그 외 다수의 JLPT 교재 집필

# JLPT N2

## 1. 시험과목 및 점수와 시간

| | | | |
|---|---|---|---|
| 1교시 | 언어지식(문자·어휘·문법) | 60점 만점 | 105분 |
| | 독해 | 60점 만점 | |
| 2교시 | 청해 | 60점 만점 | 50분 |
| 종합 점수 | | 180점 만점 | 155분 |

## 2. 문제 구성

| | | 대 문제 | 문항 수 | 내용 |
|---|---|---|---|---|
| 언어지식―문자·어휘·문법―독해 ↓ 105분 | 문자·어휘 | 1 한자 읽기 | 5 | 한자로 된 단어를 정확히 읽는 문제 |
| | | 2 올바른 한자 찾기 | 5 | 히라가나로 된 단어의 정확한 한자 표기를 묻는 문제 |
| | | 3 파생어와 복합어 | 5 | 하나의 단어 앞뒤에 한자 등을 더해서 다른 의미의 말을 만드는 문제 |
| | | 4 문맥에 알맞은 어휘 찾기 | 7 | 문맥에 맞는 적절한 단어를 찾는 문제 |
| | | 5 유의어로 바꾸기 | 5 | 제시된 단어와 비슷한 의미의 단어나 표현을 고르는 문제 |
| | | 6 어휘의 올바른 용법 찾기 | 5 | 제시된 단어가 올바르게 사용된 문장을 고르는 문제 |
| | | 합 계 | 32 | |
| | 문법 | 7 문장 형식에 맞는 문형 찾기 | 12 | 빈칸에 들어갈 적절한 문형을 고르는 문제 |
| | | 8 문장 구성하기 | 5 | 나열된 단어를 어순에 맞게 조합하여 올바른 문장을 만드는 문제 |
| | | 9 글의 빈칸 채우기 | 5 | 글의 흐름에 맞는 표현을 찾는 문제 |
| | | 합 계 | 22 | |
| | 독해 | 10 내용 이해(단문) | 5 | 200자 정도의 지문을 읽고 내용을 이해할 수 있는지를 묻는 문제 |
| | | 11 내용 이해(중문) | 9 | 500자 정도의 지문을 읽고 인과관계나 이유 등을 이해할 수 있는지를 묻는 문제 |
| | | 12 종합적 이해 | 2 | 같은 주제에 대한 복수의 지문(600자 정도)을 읽고 비교·통합하여 내용을 이해할 수 있는지를 묻는 문제 |
| | | 13 주장 이해(장문) | 3 | 평론 등 900자 정도의 지문을 읽고 필자의 주장이나 의견 등을 이해할 수 있는지를 묻는 문제 |
| | | 14 정보 검색 | 2 | 700자 정도의 광고나 팸플릿 등의 정보 소재로부터 필요한 정보를 찾아내는 문제 |
| | | 합 계 | 21 | |
| 청해 ↓ 50분 | | 1 과제 이해 | 5 | 지시나 조언 등을 하고 있는 대화를 듣고 대화가 끝난 후에 어떠한 행동을 취할지를 고르는 문제 |
| | | 2 포인트 이해 | 6 | 대화나 이야기를 듣고 포인트를 이해할 수 있는지를 묻는 문제 |
| | | 3 개요 이해 | 5 | 긴 지문을 듣고 화자의 생각이나 주장 등을 이해할 수 있는지를 묻는 문제 |
| | | 4 즉시 응답 | 12 | 짧은 발화를 듣고 그에 적절한 응답을 찾을 수 있는지를 묻는 문제 |
| | | 5 종합적 이해 | 4 | 복수의 정보를 듣고 종합적으로 내용을 이해하는 문제 |
| | | 합 계 | 32 | |

**※ '문항 수'는 매회 시험에서 출제되는 대략적인 기준이며, 실제 시험에서는 달라질 수 있습니다.**

**※ JLPT(일본어능력시험)에 대해 좀 더 자세히 알고 싶으신 분은 http://www.jlpt.or.kr을 참조해 주세요.**

# 문제집

모의고사 1회

# N2

# 言語知識（文字・語彙・文法）

# 読解

# (105分)

**問題1 ＿＿＿＿の言葉の読み方として最もよいものを、１・２・３・４から一つ選びなさい。**

**1** 2020年東京オリンピック・パラリンピック競技大会の成功に向けて、政府を挙げて取り組んでいます。

1 たいかい　　2 だいかい　　3 たいがい　　4 だいがい

**2** この部分は重要ではないので省略します。

1 せいろく　　2 しょうろく　　3 せいりゃく　　4 しょうりゃく

**3** 誤ってアプリ削除しても、削除前の状態にアプリを復元できます。

1 さくじょ　　2 さくじょう　　3 せくじょ　　4 せくじょう

**4** 河内先生が音楽を通して生徒を導く姿、私は今でも鮮明に覚えています。

1 あおむく　　2 みちびく　　3 かたむく　　4 おもむく

**5** 次の資料はブックポストへ入れず、開館時間中にカウンターへ返却してください。

1 はんきゃく　　2 はんきょく　　3 へんきゃく　　4 へんきょく

**問題2 ＿＿＿＿ の言葉を漢字で書くとき、最もよいものを１・２・３・４から一つ選びなさい。**



6 一部てんぽを除き、お店でカードの残高は確認できません。

1 店舗　2 店保　3 店捕　4 店補

7 暖かく、しめった空気が流れ込んでくるので、大気が不安定になって雨になるでしょう。

1 汗った　2 滑った　3 温った　4 湿った

8 このプロジェクトを実行するうえで、最もだとうな方法は何でしょうか。

1 打倒　2 妥当　3 打当　4 妥党

9 今回は、会計ソフトをどうにゅうするときの注意点について説明します。

1 道入　2 導入　3 途入　4 度入

10 9月25日、総理大臣は衆議院をかいさんした。

1 会散　2 会参　3 解散　4 解産

**問題3（　　　）に入れるのに最もよいものを、１・２・３・４から一つ選びなさい。**

**11** 近年、アジア（　　　）国の急速な経済成長および経済発展が注目されている。

1 全　　2 皆　　3 諸　　4 概

**12** 都市部では線路（　　　）の家も珍しくありません。

1 共に　　2 沿い　　3 付き　　4 際

**13** しょうゆを泡立てて固めたゼリー（　　　）のものをつまんで食べます。

1 性　　2 流　　3 様　　4 状

**14** その教授は、ずっと前から学歴無用（　　　）を唱えている。

1 論　　2 学　　3 教　　4 策

**15** 尊敬される人にとって、謙虚と（　　　）姿勢は当たり前のことだ。

1 未　　2 弱　　3 正　　4 低

**問題4 (　　　)に入れるのに最もよいものを、1・2・3・4から一つ選びなさい。**

16 5年前に出版されたこの小説の(　　　)版が今年出ました。

1 改正　2 改訂　3 改定　4 改良

17 雨の後は空気が澄んで、景色がより(　　　)見えます。

1 くっきり　2 そっくり　3 しっかり　4 こっそり

18 複数の受信メールを選択して(　　　)して転送する方法を教えてください。

1 一気　2 一括　3 一目　4 一概

19 生活する中で(　　　)に来ることが多いのは、やはり人間関係だと思う。

1 腹　2 鼻　3 肩　4 頭

20 文字は入力できるが、漢字には(　　　)できない。

1 交換　2 改造　3 変換　4 返送

21 その奇妙な形をした道具が一体、何に使われるものか少年には全く(　　　)もつかなかった。

1 見方　2 見解　3 見当　4 見本

22 彼女は美術展覧会に絵画を(　　　)することになりました。

1 出品　2 出願　3 出没　4 出荷

**問題5 ＿＿＿＿の言葉に意味が最も近いものを、１・２・３・４から一つ選びなさい。**

23 ぜひリーズナブルなブランドを利用して新しいファッションに挑戦してみてください。

1 ゆうめいな　　2 こうきゅうな

3 てごろな　　4 ぜいたくな

24 この会社は、最も成長のいちじるしい人材サービス企業として評価されている。

1 めだつ　　2 はやい

3 期待できる　　4 おそい

25 まず、世界の食糧問題にふれておきたいと思います。

1 さわって　　2 けんきゅうして

3 ふかめて　　4 はなして

26 タンスの中には、姉のおさがりの服が入っている。

1 姉がかってくれた　　2 姉がきていた

3 姉がプレゼントしてくれた　　4 姉がつくってくれた

27 子供の頃からの夢があり、そのために貯金をしてきました。

1 はたらいて　　2 お金をかせいで

3 お金をためて　　4 がんばって

**問題6 次の言葉の使い方として最もよいものを、1・2・3・4から一つ選びなさい。**



28 徐行

1 日本代表チームの練習を徐行してきました。

2 雨の日は、水がはねないように徐行しましょう。

3 それでは、また日を徐行してうかがいます。

4 待ち合わせ場所へ行く前に、時間を徐行しておこう。

29 そなえる

1 旅行に行く前に、旅行先の天気情報をそなえてみました。

2 この会社では、初心者でもそなえることもできます。

3 災害の発生時にそなえて、非常食などを準備しておきましょう。

4 舞台に上がるときにそなえない役者はいないと思います。

30 きらす

1 お米をきらしていたので、お昼はスパゲッティにした。

2 彼は相当怒った表情で、私に向かってきらしていた。

3 暑さのせいで、体調をきらす人が続出している。

4 風邪が治ったと思っていたら、またきらしてしまった。

31 掲載

1 人を、学歴やお金で掲載するのはよくないことである。

2 富士山の山頂からは、どんな掲載が見られるだろう。

3 この文章は、表現が掲載なのでわかりにくい。

4 求人広告の掲載をお考えの方はこちらをご覧ください。

32 たくわえる

1 土は植物の栄養になるものなど、周りの物質をたくわえる性質がある。

2 私は故郷を離れてから、ずっと一人でたくわえています。

3 この食堂は、日本伝統の味をたくわえ続けています。

4 由美子ちゃんは辛いものがダメで、カレーもたくわえられない。

**問題7 次の文の(　　　)に入れるのに最もよいものを、1・2・3・4から一つ選びなさい。**

**33** 会社へのいろいろな不満はあるだろうと思うが、(　　　)そこまで言わなくてもいいのにと思うこともある。

1 なにも　　2 なにを　　3 なんでも　　4 なんだか

**34** 確かにカニはおいしいけど、(　　　)。

1 たべがちだ　　2 たべぎみだ　　3 たべかねない　　4 たべづらい

**35** 部長：鈴木君、悪いけど土曜日のイベント、担当してもらえるかな。

鈴木：はい、(　　　)。

1 やらせていただきます　　2 やらせてもよろしいですか

3 やっていただきます　　4 やってもよろしいですか

**36** 母は「お若いですね」なんて店員の口車に乗り、高価な服を(　　　)。

1 買われた　　2 買わせた　　3 買わずにすんだ　　4 買わされた

**37** 宇宙に関する研究で明らかになったのはまだごく一部(　　　)、研究は着実に進んでいる。

1 にすぎないというと　　2 にすぎないからして

3 にすぎないだけのことか　　4 にすぎないとはいえ

**38** 自分の人生、仕事は(　　　)とつくづく考えている。

1 このままでいいのだろう　　2 このままならいいだろうか

3 このままでいいのだろうか　　4 ここままばかりはいいだろうか

**39** まずは詳細をご確認の(　　　)、ご購入をお願いします。

1 さい　　2 うえ　　3 ぎわ　　4 ずみ

**40** 昨日の公演は、(　　　)三人だけの演奏とは思えないくらい素晴らしかった。

1 とても　　2 さらに　　3 ふたたび　　4 やや

41 先日は約束をしていたのに、お宅を訪問できなかったことを心から（　　　）。

1 お詫びしていただきたいです　　2 お詫びにきていただきます

3 お詫び申し上げます　　4 お詫びになっていただきます

42 娘の英会話の先生は子どもたちを楽しく勉強させます。教室はいつも子どもたちの笑い声があふれています。「いつも子どもたちを（　　　）ありがとうございます!」とお礼を言いたいです。

1 楽しんであげて　　2 楽しんでくれて

3 楽しませてあげて　　4 楽しませてくれて

43 農業を存続させるには、なんらかの方法で市場経済から遮断することを考える（　　　）。

1 こともない　　2 わけがない　　3 しかあるまい　　4 ほかならない

44 誰もが目を背けて考えたくないと思う問題かもしれないが、人が病気におかされて手の（　　　）状態になってしまったら、果たしてどのような医療が適切なのだろうか。

1 施しかねる　　2 施しようのない

3 施してはいけない　　4 施さずにはいられない

**問題8 次の文の ＿★＿ に入る最もよいものを、1・2・3・4から一つ選びなさい。**

---

(問題例)

あそこで ＿＿＿ ＿＿＿ ＿★＿ ＿＿＿ は山田(やまだ)さんです。

1 本　　2 読んでいる　　3 を　　4 人

(解答のしかた)

1. 正しい文はこうです。

| あそこで ＿＿＿ ＿＿＿ ＿★＿ ＿＿＿ は山田(やまだ)さんです。<br>1 本　3 を　2 読んでいる　4 人 |
|---|

2. ＿★＿ に入る番号を解答用紙にマークします。

(解答用紙)

| (例) | ① ● ③ ④ |
|---|---|

---

**45** それでも、いったんこの国に吹き始めた ＿＿＿ ＿＿＿ ＿★＿ ＿＿＿ そうにない。

1 止まり　　2 にも　　3 どう　　4 改革の風は

**46** 一口に「高齢者の住まい」 ＿＿＿ ＿＿＿ ＿★＿ ＿＿＿ よくわからない。

1 多　　2 といっても　　3 すぎて　　4 種類が

47 そういえば最近、子どもに ＿＿＿ ＿＿＿ ＿★＿ ＿＿＿ 気がする。独身時代はこんなに怒らなかったのに…。

1 いる　　2 怒って　　3 ような　　4 ばかり

48 近年日本での救急搬送は ＿＿＿ ＿＿＿、＿★＿ ＿＿＿ 年間600万件の救急搬送が起こっているそうだ。

1 昨年のデータで　　2 おり

3 増加して　　4 言うと

49 外国語に対応できる病院は日本全国でも ＿＿＿ ＿＿＿、＿★＿ ＿＿＿ が増加している状況だと、今後こういったものは改善が必要だと考えている。

1 外国人観光客　　2 ことからすると

3 近年の　　4 10カ所程度しかないという

**問題9　次の文章を読んで、文章全体の内容を考えて、[50]から[54]の中に入る最もよいものを、1・2・3・4から一つ選びなさい。**

次はある雑誌に寄せられた相談である。

小学4年生の娘のことです。小2からピアノを始めて、2年経ちました。少しずつ上達してきましたが、レッスンが厳しい [50] 、娘は毎日のピアノ練習をとにかくいやがるようになりました。いやがる中、何とか30分だけでもいいからやろうと続けています。

もうすぐで発表会がありますが、10月頃から練習を開始した [51] 、なかなか先生のご指摘部分を直すことができず、先生もイライラしてレッスンがいつも以上に厳しくなってきました。ところが娘の演奏は、どんどんひどくなってしまっています。こんな娘に私もイライラしてしまい、もう限界を感じると同時に娘への罪悪感も感じています。楽しくスローペースに [52] 他の先生に変えてみたらどうかなと、悩んでいます。

[53] 、私も子供のころ、練習がいやで途中でピアノをやめてしまったので娘の気持ちがわかるところもあり、いやいや [54] 練習を続けてもマイナスになるだけかなとも思っています。でもここで私と同じ失敗をしないように、がんばらせた方がよいのか…。でも今親子ともに、とても辛いです。

ピアノ経験のある皆さんは、このような状態になられたことがある場合、どのように対処されてきたのか教えていただきたいです。

**50**

1 おかげか　　2 せいか　　3 ものか　　4 ばかりか

**51**

1 ことに　　2 ものを　　3 ことだけに　　4 ものの

**52**

1 進む　　2 進んで　　3 進められる　　4 進めず

**53**

1 実は　　2 実に　　3 むしろ　　4 かえって

**54**

1 がんばって　　2 一生懸命に　　3 ひたすら　　4 無理に

**問題10　次の(1)から(5)の文章を読んで、後の問いに対する答えとして最もよいものを、１・２・３・４から一つ選びなさい。**

(1)

「若者の酒離れ」「ビール離れ」が昨今話題になっているが、この「酒離れ」の本当の原因は貧困にあることが明らかになった。国民健康・栄養調査のデータによると、週3日以上、1日につき日本酒換算で1合以上飲む20代男性の割合は、1995年時点では34.9%いる一方で、2010年には14.7%まで低下した。さらに、全年齢層を調査した結果を見ても、1995年の54.4%から2010年の35.4%まで減っている。また、酒を全く飲まない人の比率(非飲酒率)は、2000年に8.6%だったのが、2010年になると16.4%まで上昇した。しかし、これを収入別で見ると、年収が低ければ低いほど非飲酒率の上昇は激しくなるが、年収650万円以上の人の非飲酒率はほとんど変化していない。つまり、お酒を飲む人の割合は収入に比例して上がり、「酒離れ」の本当の理由は低収入が原因だとわかる。

55　この文章の内容として正しいのはどれか。

1　日本人の若者の飲酒量は増えつつあるようだ。

2　年齢を問わず、日本人の飲酒量は減りつつあるようだ。

3　個人の収入と飲酒量はあまり関係ないようだ。

4　健康のためにお酒を慎む人が増えつつあるようだ。

(2)

国内の楽しみ方で挙げられるのは、やはり景色、温泉、グルメなどだろうか。あなたなら、どのような楽しみ方をするか。私は、その時の状態で変わるとは思うが、今だったら地元とは反対の良さがある場所に行く。人はないものねだりだから、私もないものを求めてしまう。特に食! これだけは絶対に外せない。普段は味わえない、おいしいものを食べる。 実は、若い頃に行った、ある県があるのだが、そこで食べた、あの味が忘れられない。記憶ではどんどん忘れてしまっても、舌は覚えていて、ふとした時に食べたくなる。海外の食事とは違い、やはり生まれ育った日本の味は、よく口に合った。身体のいろいろな場所に記憶は残っているのだ。

**56** これだけは絶対に外せないとあるが、どうしてか。

1 その時の状態によって行きたいところが変わるのが当たり前だから

2 日本のどこへ行っても、おいしいものは絶対にあるから

3 若い頃行ったところで食べたものの味が忘れられないから

4 そこでしか食べられないものを味わいたいから

(3)

うちの会社では毎年5月、社員の子供たちが会社を訪問することになっている。「昼間のパパ」の奮戦ぶりを参観してもらおうというわけだ。帰宅するのは深夜で、休みの日は一日中ごろ寝という社員が多く、父親の権威は落ちる一方。そこで、会社ではバリバリ働く姿を見てもらって、「父権回復」を図るのがこの計画の目的だ。今年は23人の子供たちが会社を訪れた。社長から直接会社の説明を受けた子供たちは、続いて社員食堂で父親と一緒に昼食をとった。この後、それぞれ父親のデスクの隅で仕事ぶりを見守ったが、お父さんたちは、わが子の目を意識してやや緊張気味だった。

**57** この計画の目的は何か。

1 父親の顔を立ててあげること

2 父親と仲良くすること

3 父親の仕事ぶりを見守ること

4 父親を元気づけてあげること

(4)

最近、仕事や子育てを終えた後に、「若い頃に果たせなかった夢をかなえたい」「東京五輪に向けて英語を身につけたい」などと海外に向かう人が多いという。いわゆるシニア世代、特に60歳以上の希望者が増えているそうで、需要はますます高まると予想されている。最も人気なのはやはり英語圏。アメリカをはじめ、カナダ、イギリスなどで２～４週間程度、語学学校に通いながら、現地家庭でホームステイなどをする。費用は50万円前後で、観光旅行では得られない貴重な体験もできるという。やはり新しいことへの挑戦に年齢は関係ないようだ。

**58** この文章の内容と合うものはどれか。

1 子育てをしながら、英語の勉強を始める人が増えているようだ。

2 シニア世代の海外留学のブームは、もうすぐ治まるようだ。

3 若い頃できなかったことに挑戦する人が増えているようだ。

4 英語を身につけるために、海外に長期滞在する人が多いようだ。

(5)

事務所移転についてのご案内

平素よりご愛顧いただきまして誠にありがとうございます。

このたび、「ヒカリ工業」は、業務拡大にともない、10月7日をもちまして、下記の住所へ移転することとなりましたので、ご案内申し上げます。

新事務所での業務再開は、10月12日を予定しておりましたが、多くのお客様からのご要望により、10月10日に再開させていただくことになりました。

今後ともいっそうのお引き立てを賜りますようお願い申し上げます。

【新住所】

東京都港区高輪4－10－□□

富士ビル

TEL : (03)1234－5678

**59** この案内で一番知らせたいことは何か。

1「ヒカリ工業」の業務変更による事務所の移転

2「ヒカリ工業」の移転日が変わったこと

3「ヒカリ工業」の営業再開が予定より早まること

4「ヒカリ工業」の移転を手伝ってほしいこと

**問題11　次の(1)から(3)の文章を読んで、後の問いに対する答えとして最もよいものを、1・2・3・4から一つ選びなさい。**

(1)

大学に入ると、サークルの仲間との飲み会がある。じゃんじゃんお酒を飲んで、酔っ払って大騒ぎして…。街中でよく見かける光景かもしれないが、私はこの飲み会が苦手であまり行きたくなかった。社会人になった今も変わりはない。

大学時代の私は内気な性格で、「顔は知っているが、話したことはない」という人と付き合うのが苦手だった。ふだん、関わりのない人とそのときだけ表面上だけ仲良く話して、吐いて歩けなくなるまでお酒を飲んで、帰りが遅くなって睡眠時間がとれなくて…。それで、そんな人がたくさん参加するサークルの飲み会を断っていたが、周りの人たち(特に先輩たち)に「人間関係のために参加した方がいい」とか言われていて、ときには、参加を強いられることもあった。

それに大学時代の私は、学費と生活費を親から出してもらっていた。一人暮らしなので、心配もかけていた。その親のお金を、馬鹿騒ぎするのに使ってしまうのには、罪悪感さえ感じていたので飲み会に誘われるといつも断っていたのである。

もちろん飲み会へ行って、先輩に科目の攻略法を聞いたり、ＯＢなどから就職先でどんな仕事をしているのかとか、就職先の決め方やオススメなところを聞いたりと、有用な情報をもらうこともあるとは思う。しかし、いい人間関係を築くためには絶対お酒の力が必要だという考え方には、相変わらず賛成しかねるのである。

60 今も変わりはないとあるが、どういう意味か。

1 お酒をたくさん飲んで、酔っ払って大騒ぎするのは今も嫌いだ。

2 街中で酔っ払いを見かけるのは、今もよくあることである。

3 社会人になった今も、飲み会にはあまり行きたくない。

4 顔も知らない人たちと付き合うのは、今もあまり好きではない。

61 この人が大学時代、飲み会に行きたくなかった最も大きな理由として考えられるのは何か。

1 この人は、人間関係がよくなかったから

2 この人は、人見知りだったから

3 この人は、一人で家に帰るのが怖かったから

4 この人は、先輩たちにいじめられていたから

62 この文章の内容として正しいのはどれか。

1 この人は、お酒が全然飲めないようである。

2 この人は、学生時代、お金に余裕のある生活をしていた。

3 この人は、飲み会を通じて、真の人間関係が築けると思っている。

4 この人は、飲み会のメリットも認めている。

(2)

石川県を訪れる外国人観光客がこのところ、円安などの影響で目立って増えている。これを受けて石川県は、昨年から外国人観光客の受け入れ増加を目指し、宿泊施設や観光案内所を訪れた外国人向けに電話で通訳を行うサービスを始めた。訪問を受けた施設の従業員がコールセンターに電話すると、常駐する英語、中国語、韓国語の通訳人が対応する仕組みで、日本初のサービスということだ。今年度は、約300万円の事業費を予定しており、国が全国の自治体に配る交付金を活用するという。

このサービスでは、県が民間業者に委託して運営するコールセンターに365日、24時間態勢で通訳人が常駐する。ホテルや飲食店、土産物店などを外国人が訪れた際、従業員がこのコールセンターに電話すると、3か国語の通訳人が間に立って通訳してくれる。

このサービスを受けるためには、まず観光関連施設などが県のホームページで入手できる申込書に必要事項を記入し、ファックスやメールで申し込まなければならない。それから県で検討し、許可が下りれば利用できる。登録は無料という。

県から提示された番号にかければ、電話料金の負担だけで利用できる。携帯電話からかけた場合、1分間で約30円ぐらいの費用が発生する。これまで、県内にある約600か所の観光関連施設のうち、約300か所が登録したというが、これで外国人観光客の受け入れ側の安心につながりそうだ。

63 仕組みとあるが、どんな仕組みか。

1 通訳人が祝日を除いた平日の勤務時間に限って、3か国語の通訳をしてくれる。

2 通訳コールセンターには、フランス語やドイツ語の通訳人も常駐している。

3 通訳人がいつもコールセンターに駐在していて、3か国語の通訳をしてくれる。

4 韓国人やアメリカ人などがいつもコールセンターに駐在していて、通訳をしてくれる。

64 この通訳サービスを受けたい観光関連施設は、最初に何をしなければならないのか。

1 まず石川県の許可を得て、申込書に必要事項を記入の上、郵送する。

2 まず石川県庁を直接訪問して、通訳コールセンター利用の許可を求める。

3 まず石川県から提示された番号にかけて、通訳コールセンター利用の許可を求める。

4 まず石川県のホームページで申込書をダウンロードする。

65 この文章の内容と合わないものはどれか。

1 円の価値の上昇により、日本を訪れる観光客の数は増えつつあるようである。

2 石川県で始めた通訳コールセンターは、他の県ではやったことのないサービスである。

3 石川県の観光関連施設のうち、約半分ぐらいはすでにこの通訳サービスを受けている。

4 この通訳サービスを受けるためには、石川県の許可を得なければならない。

(3)

皆さんのお子さんはどうか。

うちの子は寝ている時間を除いて、スマホを手放せないでいる。もちろんこれはうちの子に限った話ではないらしい。では、利便性とトラブルが同居するスマホという空間とどう向き合うべきか。これは、もはや子供を持つ親たちの頭痛の種とでもいうべき社会問題①になっている。

内閣府調査では、今や小学生の4割近くが、中学生では二人に一人、高校生になるとほぼ全員スマホを持っているそうだ。友だちと楽しくおしゃべりしたり、ゲームに興じたりする。またSNSを通じて好きな芸能人の一挙手一投足(注)を観察できる。

好奇心の旺盛な子どもにとってネット空間は魅惑的だろう。もちろん調べ物に役立てれば、学習効果も見込める。

例えば、昨年の小6と中3を対象にした全国学力テストの結果を見ると、一日1時間までネットを使っているという子どもの成績が最もよかった。それ以上になると成績は下がり気味だった。

スマホをうまく使いこなせず、依存しがちな子どもの増加は気にかかる。食事中も布団の中でも手放さない。睡眠不足から勉強や運動がおろそかになる。反社会的情報に触れ、犯罪に巻き込まれるおそれもある。

「コミュニケーションアプリ」では手元に届いたメッセージを読んだかどうかが即座に相手に伝わる。返信しないといじめや仲間外れにつながりかねず、書き込みをやめられない。そんな強迫的な現象も起きている②。

もし、子どもに買ってあげるなら、親子でルールを決めるべきだと思う。愛知県刈谷市では、今年の4月から全小中学校とPTAが連携し、午後9時以降は親が預かり、使わせないという共通ルールを導入して、実際に効果が出たという。学校と地域、家庭が足並みをそろえて絞り出した知恵を高く評価したいと思う。

(注) 一挙手一投足：こまかな一つ一つの動作や行動

**66** ①社会問題とあるが、なぜ筆者はそう考えているのか。

1 スマホから離れられない子供が多くなったから

2 ほとんどの家庭では、スマホの料金を親が払っているから

3 子供たちがスマホゲームに夢中になっているから

4 スマホを持っていないといじめられるから

**67** ②強迫的な現象も起きているとあるが、なぜか。

1 自分の子供にスマホを買ってあげるのが義務になっているから

2 午後9時以降は親にスマホを預けなければならないから

3 自分の意志ではなく、友だち関係が心配で強制的にするから

4 スマホがなければ何もできない子供が急増しているから

**68** この文章の内容と合うものはどれか。

1 日本の小学生の半分以上は、すでにスマホを持っている。

2 スマホも使い方次第では、役立つ場合もある。

3 ネットの利用時間の増加につれて成績もよくなった。

4 子供たちはスマホの利用で、ぐっすり眠れるようになった。

1회
언어지식
독해
청해

**問題12 次のAとBはそれぞれ、小学生の先取り学習について書かれた文章である。二つの文章を読んで、後の問いに対する答えとして最もよいものを、1・2・3・4から一つ選びなさい。**

皆さんは小学生の先取り学習についてどう思われますか。

**A**

塾とかで前もって勉強しておいた子供たちは、学校の授業に付いていきやすくなるだろう。それから内容がわかっているため、挙手発言などを通じて授業で活躍しやすくなり、自信も持てるようになると思う。また学校の授業が復習になって、記憶に残りやすくなる。最後に、学校の先生が偏った教え方をする人だった場合、それが修正される部分もあるだろう。ただ、塾の授業が学校の授業よりわかりやすくて面白いので、学校の授業がつまらなく、退屈に感じ、授業をしっかりと聞かなくなったり、授業態度が悪くなったりするパターンには気をつけてほしい。

**B**

私は、確かに先取り学習によるメリットもあるとは思うが、デメリットの方がもっと大きいと思う。もし、塾の授業が学校の授業よりわかりにくくてつまらないと、全然予習にならない。逆に、塾の授業がわかりやすくて面白いほど、今度は学校の授業をつまらなく感じたり、そのせいで授業態度が悪くなったりする。それに塾の宿題が多くなりがちで、生徒の負担が増したり、それを管理する親の負担が増したりすることもあるが、何より心配なのは、塾と学校の先生の教え方が違うと、混乱してしまう場合。こうなると、学校の授業が頭に入りにくくなり、時には先生に反発することもあるだろう。

69 AとBの筆者は、先取り学習について何と述べているか。

1 AもBも、先取り学習に賛成で、塾に通わせるべきだと述べている。

2 AもBも、先取り学習に反対で、塾に通わせるべきではないと述べている。

3 Aは先取り学習のメリットだけを述べ、Bは先取り学習のデメリットだけを述べている。

4 AもＢも、先取り学習のデメリットを述べている。

70 AとBの、共通している意見は何か。

1 子供にとって、塾は必要不可欠である。

2 塾の先取り学習に問題がある。

3 先取り学習のために、塾に行かせるべきである。

4 塾の授業は、学校の授業よりわかりやすい。

**問題13 次の文章を読んで、後の問いに対する答えとして最もよいものを、1・2・3・4から一つ選びなさい。**

フリーランスとは、特定の企業や組織に帰属することなく、自ら契約を取り交わす働き方のことを指し、個人事業主とも言われる。アメリカ国内の労働調査では人口の約3割、つまり3人に1人がフリーランスとして働いているという結果が出ているほど、アメリカなどではすでに普遍的な働き方①となっている。

日本でも近年このフリーランスという働き方が認知され始め、現在では日本の人口の約1割、つまり10人に1人がフリーランスとして働いており、その人口が1,000万人を突破したそうである。とはいっても1,000万人全てがフリーランスとして本業をしているわけではなく、あくまで副業としてやっている人も含めた人数で、本業の人はまだまだ割合が少なめのようである。

フリーランスに多い職種としては、専門スキルを必要とする業務が多く、Web系では「エンジニア」「デザイナー」「ライター」などがあり、それ以外では「コンサルタント」「士業」などを生業とする人が多い。

クラウドソーシング(注)の普及は、フリーランスの人口増加の理由となっているが、なぜ今になって日本国内でフリーランス人口が増えてきているのであろうか。フリーランスという働き方が見直されている理由には、働き方が多様化してきたこと、働き方を選べるようになってきたことを背景に、フリーランス特有の働き方が魅力的であるということが挙げられる。

特に、下の5つがフリーランスの最大の魅力となっている。まず、働く機会の増加。ネット上でのフリーランスと企業の仲介業者であるクラウドソーシングや、ネット上で資金を募るクラウドファンディングなど、フリーランスが働くためのサービスが充実してきたことが挙げられる。次に、時間に縛られない働き方という点。フリーランスのほとんどは、会社勤めとは違い、時間を自由に組み合わせることが可能。三つ目は年齢に関係なく働ける点。フリーランスは主に技術やスキル、営業力などが重視される業界でもあるため、年齢に関係なく高齢でも働くことができる。四つ目は人間関係のストレスが軽減できる点。普通の会社での人間関係によるストレスにも悩むことがほとんどない。最後に収入アップが見込める点。フリーランスは自分の努力次第で収入アップを見込むことが可能である。

ところが私は、フリーランスとして仕事をする人がこれだけ増えた背景に、終身雇用の崩壊があると思う。昭和の時代には一つの会社に勤めて、そのまま定年までずっと働く仕事のやり方が当然であったが、今はいつクビになるかもわからない上に、そもそも雇用が正社員でない人もたくさんいる。このように不安定な仕事を支えるために副業をしたり、より環境のいい仕事を探す人が増えるのは②自然な流れだと言える。本業に加えて収入がないと足りないという人も多いであろう。

現在フリーランスは増加傾向にあるが、このまま増え続けると飽和状態になり、仕事がなくなるのではないかという懸念もある。しかし、フリーランスとの契約を結んでいる企業はまだまだ一握り。コスト削減やいい人材の確保のために、これからクラウドソーシングなどに参入する企業の数も見込まれるし、フリーランス人口、フリーランスという働き方はこれからも伸び続けると予想される。

(注) クラウドソーシング：オンライン上で不特定多数の人に業務を委託するという新しい雇用形態

**71** ①アメリカなどではすでに普遍的な働き方とあるが、そう言える根拠は何か。

1 アメリカでは、フリーランスとして働く人の割合が、全労働人口の約30％ぐらいを占めていること
2 アメリカでは、特定の企業と契約を結ぶ際、フリーランスが直接契約を結ぶようになっていること
3 アメリカでは、学校を卒業したらフリーランスとして働くことが当たり前になりつつあること
4 アメリカでは、働き方が多様化しており、その上働き方を選べるようになってきていること

**72** ②自然な流れだと言えるとあるが、なぜそう言えるのか。

1 アメリカでフリーランス人口が増えてきているから
2 日本国内でフリーランス人口が増えてきているから
3 雇用情勢の不安定による不安感が増えてきているから
4 安定した仕事をあきらめる人が増えてきているから

**73** この文章の内容と合っているのは何か。

1 すでに日本の人口の約30％近くの人が、フリーランスとして働いている。
2 アメリカでは、フリーランスという働き方はすっかり根付いたと言える。
3 フリーランスという働き方は、高齢者には向いていないようである。
4 日本の企業のほとんどは、フリーランスと正式に契約を結んで雇用している。

**問題14 右のページは、あるホテルの工事案内文である。下の問いに対する答えとして最もよいものを、1・2・3・4から一つ選びなさい。**

[74] 5月にこの温泉に入りたい人は、どうすればいいのか。

1 6日の午前1時に温泉に行く。

2 13日の午前1時に温泉に行く。

3 19日の午後2時に温泉に行く。

4 27日の午後11時に温泉に行く。

[75] この文章の内容と合わないものはどれか。

1 このホテルは、5月に工事を実施する予定である。

2 工事期間中は、大浴場の利用時間が変更になる。

3 温泉の午前中の利用は、普段と変わらない。

4 工事期間中は、最終入館時間が変更になる。

各位

## 施設内改修工事のお知らせ

本日は、ABC温泉第一ホテルをご利用いただきまして誠にありがとうございます。

当ホテルでは下記の日程で、1階大浴場露天風呂の庭園改修工事を実施いたします。

また工事に伴い、大浴場の利用時間を変更させていただきます。

お客様には大変ご迷惑をおかけいたしますが、何卒ご理解とご協力を賜りますようお願い申し上げます。

【工事期間】

2019年5月1日(水)～5月末日(予定)

【工事期間の大浴場ご利用時間】

04:00～09:00まで及び17:00～24:00までご利用可能

＊5月5日(日)、12日(日)、19日(日)、26日(日)は13:00からご利用いただけます。
(04:00～09:00は通常通りご利用いただけます。)

＊お日帰り入浴も、上記時間内(午後から)へ変更させていただきます。最終は通常通り22:00までのご入館となります。

何卒ご了承くださいますようお願い申し上げます。

ABC温泉第一ホテル

総支配人

모의고사 1회

# N2

청해
# 聴解

분
# (50分)

# 問題1 <ruby>問題1<rt>もんだいいち</rt></ruby>

　<ruby>問題1<rt>もんだいいち</rt></ruby>では、まず<ruby>質問<rt>しつもん</rt></ruby>を<ruby>聞<rt>き</rt></ruby>いてください。それから<ruby>話<rt>はなし</rt></ruby>を<ruby>聞<rt>き</rt></ruby>いて、<ruby>問題用紙<rt>もんだいようし</rt></ruby>の<ruby>1<rt>いち</rt></ruby>から<ruby>4<rt>よん</rt></ruby>の<ruby>中<rt>なか</rt></ruby>から、<ruby>最<rt>もっと</rt></ruby>もよいものを<ruby>一<rt>ひと</rt></ruby>つ<ruby>選<rt>えら</rt></ruby>んでください。

## <ruby>1番<rt>いちばん</rt></ruby>　🎧 01

1　<ruby>病院<rt>びょういん</rt></ruby>へ<ruby>行<rt>い</rt></ruby>く。

2　<ruby>薬屋<rt>くすりや</rt></ruby>へ<ruby>行<rt>い</rt></ruby>く。

3　<ruby>昼<rt>ひる</rt></ruby>ごはんを<ruby>食<rt>た</rt></ruby>べに<ruby>行<rt>い</rt></ruby>く。

4　コピーしに<ruby>行<rt>い</rt></ruby>く。

## <ruby>2番<rt>にばん</rt></ruby>　🎧 02

1　<ruby>一<rt>ひと</rt></ruby>つ

2　<ruby>二<rt>ふた</rt></ruby>つ

3　<ruby>三<rt>みっ</rt></ruby>つ

4　<ruby>四<rt>よっ</rt></ruby>つ

## 3番 03

1 木村君より先に店に行く。

2 木村君に会ってから一緒に店に行く。

3 木村君に店の場所を電話で教えてあげる。

4 木村君を先に店に行かせる。

## 4番 04

1 卒論を代わりに書いてあげる。

2 卒論の日本語をチェックしてあげる。

3 卒論を代わりに提出してあげる。

4 卒論の内容を訂正してあげる。

## 5番(ごばん) 05

1 アンケート結果(けっか)の集計作業(しゅうけいさぎょう)

2 アンケートの質問項目(しつもんこうもく)の検討(けんとう)

3 アンケートの取(と)り直(なお)し

4 アンケートの質問項目(しつもんこうもく)の再作成(さいさくせい)

# 問題2

問題2では、まず質問を聞いてください。そのあと、問題用紙のせんたくしを読んでください。読む時間があります。それから話を聞いて、問題用紙の1から4の中から、最もよいものを一つ選んでください。

## 1番 06

1 寮に門限があること

2 トイレが部屋にないこと

3 シャワー室が部屋にないこと

4 シャワー室に時間制限があること

## 2番 07

1 他の人たちから刺激を受けるから

2 利用料金が手ごろだから

3 設備が整っていて居心地がいいから

4 朝早くから夜遅くまで利用できるから

## 3番(さんばん) 08

1 バスより、電車(でんしゃ)の方(ほう)が好(す)きだから

2 バス酔(よ)いを起(お)こしてしまうから

3 見学(けんがく)の日(ひ)、早起(はやお)きしなくてもいいから

4 遠(とお)いところへ行(い)くには、電車(でんしゃ)の方(ほう)が便利(べんり)だから

## 4番(よんばん) 09

1 他(ほか)の飲(の)み会(かい)に行(い)ったから

2 病院(びょういん)で検査(けんさ)を受(う)けたから

3 父(ちち)の看病(かんびょう)をしていたから

4 母(はは)の看病(かんびょう)をしていたから

## 5番(ごばん) 10

1 説明書(せつめいしょ)に初(はじ)めて見(み)る外来語(がいらいご)が多(おお)いこと

2 説明書(せつめいしょ)の文字(もじ)が小(ちい)さすぎてよく見(み)えないこと

3 説明書(せつめいしょ)に使(つか)われている用語(ようご)が難(むずか)しいこと

4 説明書(せつめいしょ)について聞(き)きたくても教(おし)えてくれる人(ひと)がいないこと

## 6番(ろくばん) 11

1 東京電機(とうきょうでんき)の間違(まちが)いで資材調達(しざいちょうたつ)に遅(おく)れが出(で)たから

2 日本工業(にほんこうぎょう)の間違(まちが)いで資材調達(しざいちょうたつ)に遅(おく)れが出(で)たから

3 東京電機(とうきょうでんき)の下請(したう)け会社(がいしゃ)から納品(のうひん)された商品(しょうひん)に問題(もんだい)があったから

4 日本工業(にほんこうぎょう)の下請(したう)け会社(がいしゃ)から納品(のうひん)された商品(しょうひん)に問題(もんだい)があったから

# 問題3

12~16

問題3では、問題用紙に何も印刷されていません。この問題は、全体としてどんな内容かを聞く問題です。話の前に質問はありません。まず話を聞いてください。それから、質問とせんたくしを聞いて、1から4の中から、最もよいものを一つ選んでください。

— メモ —

## 問題4 17~28

問題4では、問題用紙に何も印刷されていません。まず文を聞いてください。それから、それに対する返事を聞いて、1から3の中から、最もよいものを一つ選んでください。

— メモ —

1회
언어지식
독해
청해

# 問題5 29~30

問題5では、長めの話を聞きます。この問題には練習はありません。メモをとってもかまいません。

## 1番、2番

問題用紙に何も印刷されていません。まず話を聞いてください。それから、質問とせんたくしを聞いて、1から4の中から、最もよいものを一つ選んでください。

— メモ —

# 3番 🎧 31

<ruby>3<rt>さん</rt></ruby><ruby>番<rt>ばん</rt></ruby>

　まず<ruby>話<rt>はなし</rt></ruby>を<ruby>聞<rt>き</rt></ruby>いてください。それから、<ruby>二<rt>ふた</rt></ruby>つの<ruby>質問<rt>しつもん</rt></ruby>を<ruby>聞<rt>き</rt></ruby>いて、それぞれ<ruby>問題用紙<rt>もんだいようし</rt></ruby>の1から4の<ruby>中<rt>なか</rt></ruby>から、<ruby>最<rt>もっと</rt></ruby>もよいものを<ruby>一<rt>ひと</rt></ruby>つ<ruby>選<rt>えら</rt></ruby>んでください。

## 質問1

1　東京ドライブコース

2　タイムスリップコース

3　食いしん坊コース

4　東京スカイツリーコース

## 質問2

1　東京ドライブコース

2　タイムスリップコース

3　食いしん坊コース

4　東京スカイツリーコース

모의고사 2회

# N2

언어지식

# 言語知識

문자 어휘 문법

## (文字・語彙・文法)

---

독해

# 読解

분

## (105分)

**問題1 ＿＿＿＿の言葉の読み方として最もよいものを、１・２・３・４から一つ選びなさい。**

**1** 検定試験を受ける前に過去問題で対策を<u>整えて</u>みることにした。

1 ととのえて　2 ふるえて　3 かぞえて　4 うえて

**2** 商品のサイズなどを十分確認してから、<u>慎重</u>に購入した方がいい。

1 しんじゅう　2 しんちょう　3 じんじゅう　4 じんちょう

**3** やりたいことが見つからなくても<u>焦る</u>ことはない。

1 ふりかえる　2 まもる　3 ことなる　4 あせる

**4** 普段の食生活の中に、ビタミンCが<u>豊富</u>な食材を取り入れてみよう。

1 ふうふ　2 ふうふう　3 ほうふ　4 ほうふう

**5** 私は彼に、もっと<u>簡潔</u>に話すよう提案しました。

1 せいけつ　2 もんけつ　3 かんけつ　4 ぶんけつ

**問題2 ＿＿＿＿ の言葉を漢字で書くとき、最もよいものを１・２・３・４から一つ選びなさい。**



**6** 通信速度がきょくたんに遅い場合、何が原因だと考えられるでしょうか。

1 極短　　2 極端　　3 極団　　4 極段

**7** あなたなら、できます。努力にまさる才能はないのですから。

1 劣る　　2 善る　　3 勝る　　4 超る

**8** てつやをしていると脳が疲労状態になってきます。

1 徹夜　　2 撤夜　　3 轍夜　　4 哲夜

**9** ようちな文章とは思いますが、楽しんでいただければ幸いです。

1 幼稚　　2 様稚　　3 幼知　　4 幼治

**10** 全国の小中学校で、古くなったプールをはいしする動きが広がっている。

1 閉止　　2 廃止　　3 排除　　4 拝除

**問題3（　　　）に入れるのに最もよいものを、１・２・３・４から一つ選びなさい。**

**11** 濃い青と紫を塗り、(　　　) 夜中の空をイメージしました。

1 今　　2 真　　3 本　　4 元

**12** それぞれ提供できる景品 (　　　) の限度額などが決まっています。

1 種　　2 部　　3 式　　4 類

**13** 年によっては梅雨 (　　　) の時期が特定できない場合もあるらしい。

1 終わり　　2 明け　　3 済み　　4 去り

**14** 割合を○○%で表す方法を、百分 (　　　) といいます。

1 増　　2 率　　3 観　　4 法

**15** 大量のご注文があり、一時的に在庫 (　　　) となりました。

1 切れ　　2 無し　　3 空き　　4 使い

**問題4 (　　　　)に入れるのに最もよいものを、1・2・3・4から一つ選びなさい。**



**16** 9日に東京五輪が開幕し、開会式の (　　　　) を世界の主要メディアが報道した。

1 現状　　2 様子　　3 状態　　4 姿

**17** 工事の振動で、建物が (　　　　) しまったようです。

1 かたむいて　　2 かたむけて　　3 ちらばって　　4 ちらかって

**18** ゆっくりご相談なさりたい方は、(　　　　) ご予約ください。

1 まもなく　　2 じょじょに　　3 ひとりでに　　4 まえもって

**19** 私はその計画にずっと疑問を (　　　　) きました。

1 いだいて　　2 だいて　　3 かかえて　　4 かかえこんで

**20** 集中力を持続させる (　　　　) 簡単な方法があるんです。

1 わざと　　2 わりと　　3 いまだに　　4 もっぱら

**21** 上司と部下は、(　　　　) 依存関係にあると言えます。

1 共に　　2 公共　　3 相互　　4 共同

**22** 和式トイレから洋式トイレへ (　　　　) する費用を調べてみました。

1 リマスター　　2 リフレックス　　3 リフォーム　　4 リアレンジ

**問題5 ＿＿＿＿の言葉に意味が最も近いものを、1・2・3・4から一つ選びなさい。**

23 受験日がせまってくるにつれて、焦りを感じる受験生も多いと思います。

1 ちかよる　　2 ちかづく

3 とおのく　　4 とおざかる

24 彼は相当のどが渇いていたようで、あおむいて水を一気に飲み干した。

1 よこになって　　2 たちあがって

3 したをむいて　　4 うえをむいて

25 ウナギを皿に載せて、電子レンジで３分温めればできあがりです。

1 おいしくなります　　2 とけます

3 完成です　　4 においがなくなります

26 内容が少し不明瞭なので、説明を補足します。

1 つけたします　　2 ながくします

3 かんたんにします　　4 みじかくします

27 雨の日は道がつるつるとしていて危ないから、気をつけてください。

1 すべりやすくて　　2 つめたくて

3 さむくて　　4 でこぼこしていて

**問題6 次の言葉の使い方として最もよいものを、1・2・3・4から一つ選びなさい。**



**28** もよおす

1 仲はよくても音楽や食べ物など、好みがもよおすことはよくあります。

2 安定した職業にもよおしたい大学生は、どう就活するべきか。

3 創立20周年を記念しまして、左記の通り祝賀会をもよおすことにいたしました。

4 選手たちは、全国大会での優勝をもよおして、毎日遅くまで練習している。

**29** ふかめる

1 自分の世代よりも上の人と交流することで、自然に知識をふかめることができる。

2 どうすればいいのかずっとふかめているけど、答えは出ないままだ。

3 仕事をしながら大学にふかめるのはなかなか大変なことだ。

4 歩道の上に落ちている財布を拾ったので交番にふかめに行きました。

**30** みため

1 人類はみためを作り、使いこなし、さらに発展させる能力を持っています。

2 ジーンズや派手すぎる格好は軽いみためを与えてしまうので避けるようにしてください。

3 部屋の隅から私は彼に目でみためを送ったが、彼は気づかないでいた。

4 みためがきちんとしていても、心まで誠実であるという保証はないと思います。

**31** はずす

1 私は家事の中でも一番面倒くさく感じるのが、洗濯物をはずすことです。

2 仕事をしている時に、電話やトイレで席をはずすことがあります。

3 ビニール袋では、薄く柔らかすぎて、すぐにはずす場合があります。

4 外国では、テーブルでお会計をはずすことが多いようです。

**32** とっくに

1 確かに車はあった方が便利だと思いますが、とっくにしか使いません。

2 猫がとっくに走り出すのは、たくさんの飼い主さんが経験していることでしょう。

3 話し合いをとっくに進める方法があったら教えてください。

4 お正月のハワイ行きのチケットはとっくに売り切れていると思うよ。

**問題7 次の文の(　　　)に入れるのに最も よいものを、1・2・3・4から一つ選びなさい。**

**33** 途中で何人 (　　　) 人にぶつかったが、そんなことい ちいち気にかけている余裕はなかった。

1 が　　2 か　　3 も　　4 もの

**34** 今日は、日本の就活が (　　　) 変だと思う理由について発表したいと思います。

1 どうも　　2 うっかり　　3 ともかく　　4 かえって

**35** 言葉が違う (　　　) 伝えようと努力できたので、より積極的になれました。今は日本とは違う文化を持つ人と英語で話したいという気持ちになりました。

1 からみて　　2 からこそ　　3 からして　　4 からすれば

**36** オンラインお問い合わせ窓口では、ピザのご注文を (　　　) ことができません。大変恐れ入りますが、各店舗へ直接ご注文頂けますようお願い申し上げます。

1 うけたまわる　　2 もうしあげる　　3 おうけになる　　4 はいけんする

**37** これがおすすめの芥川賞受賞作品ランキングですが、やっぱり受賞した (　　　) はありますね。

1 ばかりのこと　　2 だけのこと　　3 しかのこと　　4 のみのこと

**38** あきら監督は記者会見で、「今までにない時代劇を (　　　) と思う」と述べた。

1 ご覧になりたい　　2 ご覧にしたい　　3 ご覧に入れたい　　4 ご覧にいたしたい

**39** 誰もが手軽にスマホを利用できるようになった結果、「スマホ依存症」と言われる現象が社会問題として世界中の悩みに (　　　) ようです。

1 なってばかりいる　　2 なってばかりある

3 なりつついる　　4 なりつつある

**40** 市長をはじめ、多数のお客様や地域の方々にも (　　　)。

1 おいでくださいました　　2 おいでいただきました

3 おこしくださいました　　4 おこしさしあげました

2
회

언어지식

독해

청해

**41** 吉村さんは不動産の会社に入社した（　　　）が、そこではどんな仕事をされているんですか。

1 とのことです　　2 とはいわないまでも

3 とはいっているものの　　4 としかいいようがないが

**42** 「年齢は単なる数字」とは、何をやるにせよ年齢というものは、単なる数字（　　　）なのだから、気にしなくていいという意味です。

1 でないこと　　2 しかないこと

3 としかない　　4 でしかない

**43** 秘書：「社長、山口工業の木村部長が（　　　）。」

社長：「あ、そう、わかった。」

1 ごらんいただきました　　2 ごぞんじでした

3 おみえになりました　　4 おうかがいになりました

**44** 今時の若い人はスマホがあるので、固定電話を持っていない方も多いようだが、固定電話の方が通話料は安かったりするので、（　　　）便利だと思います。

1 あったらあったで　　2 あってもなくても

3 やすかったらやすかったで　　4 やすくてもたかくても

**問題8　次の文の＿★＿に入る最もよいものを、1・2・3・4から一つ選びなさい。**

---

(問題例)

あそこで＿＿＿ ＿＿＿ ＿★＿ ＿＿＿は山田(やまだ)さんです。

1 本　　2 読んでいる　　3 を　　4 人

(解答のしかた)

1. 正しい文はこうです。

| あそこで＿＿＿ ＿＿＿ ＿★＿ ＿＿＿は山田(やまだ)さんです。<br>1 本　3 を　2 読んでいる　4 人 |
|---|

2. ＿★＿に入る番号を解答用紙にマークします。

(解答用紙)

| (例) | ① ● ③ ④ |
|---|---|

---

**45** うちの父は、＿＿＿ ＿＿＿ ＿★＿ ＿＿＿一万日を目指していました。

1 翌日から　　2 一日も欠かさず

3 山へ登り続けて　　4 定年退職した

**46** 今度の台風は暴風域が比較的狭いために、＿＿＿ ＿＿＿ ＿★＿ ＿＿＿雨や風が強まるという特徴があります。

1 に　　2 急に　　3 接近　　4 ともなって

**47** 予約状況カレンダーでご希望日時の＿＿＿＿ ＿＿＿＿ ＿★＿ ＿＿＿＿、お申し込みください。

1 状況を　　2 ご確認　　3 の上　　4 空き

**48** 細長い独特な形状の人形を見ていると、＿＿＿＿ ＿＿＿＿ ＿★＿ ＿＿＿＿そうな気がしてきます。

1 動き出し　　2 ように　　3 今にも　　4 ロボットの

**49** 何度も言いますが、＿＿＿＿ ＿＿＿＿ ＿★＿ ＿＿＿＿ありません。むしろ辞めたいのであれば、辞めてしまうことを勧めます。

1 悪い　　2 ことでは　　3 ことは　　4 辞めたいと思う

**問題9　次の文章を読んで、文章全体の内容を考えて、50から54の中に入る最もよいものを、1・2・3・4から一つ選びなさい。**

あなたは友達がいない人ですか。

自分は他人とは馴れ合わずに一生一人で生きていく、だから友達なんか要らない、と決意している人に［50］友達など、いてもいなくても人生において全く影響はないのでしょう。しかし、別に友達が要らないとは思っていないのに、ふとまわりを見回したとき、自分には友達と呼べる人がいないと［51］ことがあるかもしれません。

友達がいないというのは普通の人にとってはとても寂しくて辛いことですよね。せっかくの休みの日に友達と遊びに行きたくても、誘える友達がいなくて結局休日を一人でぼうっと過ごしてしまうことはありませんか。

また、結婚式を挙げようとしても、結婚相手が友達をたくさん呼んでいるのに自分は全く呼ぶ友達がいない、そんな悲しい状況に見舞われることにも［52］。

このような状況はとても恐ろしく、絶対に避けなくてはいけません。そもそもなぜ、あなたには友達がいないのでしょうか。実は友達がいない人には自分では意識をしていなくても、知らず知らずのうちに、他人を寄せ付けない、他人から嫌われる行動をしています。そのような他人から嫌われる行動があなたが友達を作れない、［53］、友達があなたから去っていってしまう原因となっていることは間違いのないことでしょう。

そのような友達ができない原因となる他人から嫌われる行動とは、一体どのようなものなのでしょうか。友達がいないということは煩わしい人間関係がなくて、自由に生きられて望ましいと思う人もいるかもしれません。

もし、あなたに自分は友達がいないという自覚があるのであれば、今からでも［54］。それから、友達がいない状況から脱すれば、きっとこれまでに見たこともない新たな世界が見えることでしょう。

**50**

1 ついては　　2 とっては　　3 かわっては　　4 もとづいては

**51**

1 気取る　　2 気取らない　　3 気づく　　4 気づかない

**52**

1 なるといいです　　2 なるしかありません
3 なりかねます　　4 なりかねません

**53**

1 もしくは　　2 あんのじょう　　3 むりやり　　4 いやいやながら

**54**

1 ておくれです　　2 まにあいます　　3 かんちがいです　　4 みわけられます

**問題10 次の(1)から(5)の文章を読んで、後の問いに対する答えとして最もよいものを、１・２・３・４から一つ選びなさい。**

(1)

日本における英語力の向上は、グローバル人材育成の重要な要素として、教育分野のみならず、すべての分野に共通する課題とされている。長らく文法・読解中心の英語教育から、実際に使える英語を身につける英語教育へと方向転換していく必要がある。今求められているのは、グローバル化した社会で求められる国際共通語としての英語力である。すなわち、相手の意図や考えを的確に理解できる能力と、積極的にコミュニケーションを図り、速やかに、かつ論理的に必要なことを発言できる能力が必要なのである。

55 この文章の内容と合うものはどれか。

1 今までの日本の英語教育は、コミュニケーション能力向上が中心だった。
2 これからの英語教育は、話す能力より読解力をつけるようにするべきである。
3 読解力と書く能力より、コミュニケーション能力向上に力を注ぐべきである。
4 グローバル化した社会のために、国際共通語である英語教育にもっと力を入れるべきである。

(2)

横浜OFFICE開設のお知らせ

2019年4月1日(日)より、横浜駅最寄り(東口徒歩3分)に「横浜OFFICE」を開設し、業務を開始することになりましたのでお知らせいたします。なお、横浜鶴見ショールームは引き続き営業しております。

横浜エリアにおける事業拡大に向け、社員一同、倍旧の努力をしてまいる所存でございますので、今後ともご愛顧を賜りますようお願い申し上げます。

【概　　要】

名　称： 株式会社ワンダーライフ 横浜OFFICE

所在地： 横浜市西区北幸11－233－456 ABC横浜東口ビル7Ｆ

ＴＥＬ： 045－1234－5678

ＦＡＸ： 045－5678－1234

開設日： 2019年4月1日(日)

56 このお知らせの内容として正しいのは何か。

1 この会社は、事業拡大のため横浜鶴見ショールームを新たにオープンする。

2 この会社は、2019年4月1日に事務所移転をすることになった。

3 この会社の新しい事務所は、交通の便が非常にいいところにある。

4 この会社は、2019年4月1日をもって営業を中止することになった。

(3)

福岡にある電波通信技術研究所は、高齢者が遠方の人と対話できるロボットを開発したと発表した。名前は「テレトモ」で、抱きかかえた状態で電話のように通話できる。

テレトモは、人間の外見をあえて単純化した外観で、高齢者が相手の顔を自由に想像しながら話す効果があるという。同社は、テレトモの開発で、要介護高齢者や一人暮らしの高齢者の生活の質の向上や、情緒の安定、健康の維持促進の実現など、超高齢社会に貢献することを目指したいとしている。

**57** テレトモについて、正しいのはどれか。

1 テレトモは、人工頭脳を備えたロボットである。

2 テレトモの姿は、子供そっくりなのでとてもかわいい。

3 テレトモは、お年寄りの生活をサポートしてくれると期待できる。

4 テレトモは、ロボットなので高齢者の情緒の安定の効果は期待できない。

(4)

今、キャンピングカーがブームになっている。

日本RV協会によると、2014年度のキャンピングカーの売上高は322億円で前年度を4%上回り、2005年度以降で最高となったそうだ。経済的に余裕のある中高年層には、テレビや電子レンジ、冷暖房などの装備を備えた高価格モデルが人気だ。普及が進む背景には、車中泊に対応した駐車場が増えたことがある。電源やトイレなどを備え、一定期間滞在が可能だ。それに冷暖房の効いた部屋のような空間で旅が楽しめるし、またキャンプ場でテントを張る手間などを省けるのも大きなメリットと言える。

**58** キャンピングカーがブームになった理由ではないのはどれか。

1 キャンピングカーをリーズナブルな値段で購入できるようになったこと

2 キャンピングカーを利用すれば、楽にキャンピングを楽しめること

3 キャンピングカーのまま泊まれる駐車場が増加したこと

4 キャンピングカーの設備が、車の中で泊まれるようによくなったこと

(5)

人間とチンパンジーとではどちらが原始的だろう。当然チンパンジーの方だと思われがちだが、手に限っては人間がチンパンジーより原始的であると、アメリカのA大の研究チームが今月、科学誌ネイチャー・コミュニケーションズに発表した。

この研究チームは、人間とチンパンジーの手と、約800万年前にいたと推定される双方の共通祖先の手を比べた。その結果、チンパンジーは親指以外の指が長くなっていたが、人間の手はほとんど同じだった。共通祖先は樹上で生活していたと考えられるが、主に樹上で生活を続けたチンパンジーは、枝にぶら下がりやすいように指を長くした反面、人間は二足歩行の生活に移ったため手を変化させる重要性が下がったのだろうと推測できる。

**59** 推測できるとあるが、どんな推測か。

1 なぜ人間よりチンパンジーの方が原始的なのか

2 なぜ人間の手は進化せず、共通先祖の手のままなのか

3 なぜチンパンジーはいまだに樹上で生活しているのか

4 なぜ人間は樹上生活を止めて、二足歩行の生活に移ったのか

**問題11　次の(1)から(3)の文章を読んで、後の問いに対する答えとして最もよいものを、１・２・３・４から一つ選びなさい。**

(1)

幼稚園の親子遠足で、5月18日にディズニーランドに行く予定だが、お天気がどうも微妙で心配だ。幼稚園の遠足は今年が最後だし、楽しい思い出がたくさん作れたらいいのに雨だけは…、と週間予報を見ながら<u>一喜一憂する毎日</u>だ。

僕の学生時代には遠足の楽しみと言えば、やはり友達と一緒に食べる弁当だった。が、先日見た雑誌の記事によると、今頃の子供たちはちょっと違うようで、友だちと過ごす時間が一番の楽しみだそうだ。

穏やかな初夏の陽気が続くこの頃。小中学校では、この時期に遠足を行う学校も多い。そこである教育情報サイトでは、中学生の保護者を対象に「お子さまは遠足を楽しみにしていますか。どのように?」というテーマのオンライン投票を実施して、3,215人から回答を得た。

「お子さまは遠足を楽しみにしていますか」という質問に対して、「楽しみにしている」と答えた保護者は約65%だった。「楽しみにしていない」は約10%で、残りの約25%は「わからない」と回答した。

次は、「楽しみにしている」理由だが、最も多かったのは、「友達とどこかに行くこと自体が楽しい。思い出になるし、新しい友達ができるきっかけにもなる」という答えだった。特に1年生の場合は、友達づくりのためにも早く行きたいようで、「とにかく友達と一緒に一日中過ごせるのが嬉しいらしい」など。多くが「友達との時間」を楽しみにしているようだ。

一方で、10%ほどいる「楽しみにしていない」中学生の理由に一番多かったのは「面倒くさそうだ」だった。それから、「遠足に出かけるのはいいようだが、行ってきた後の作文などがいやなよう」という答えも目立つ。小学校とは違って、中学校では集団行動が多くて、事前調査やその後のレポートが面倒だそうだ。単純に遊びに行くわけではなく、あくまで学習の一環であることに起因して「面倒」という意見が多くを占めているようだ。

60 この人はなぜ一喜一憂する毎日を送っているのか。

1 せっかくの親子遠足が、雨で台無しになるかもしれないから

2 親子遠足に出かけるのは久しぶりだが、雨でいい思い出が作れそうだから

3 最近の天気予報はほとんど外れていて、当てにならないから

4 親子遠足に出かけるのは今年が最後なのに、遠足の日が雨予報だから

61 今頃の中学生の遠足に対する考えとして正しいのはどれか。

1 親子で遠足に出かけること自体が楽しみだ。

2 遠足の一番の楽しみは、仲間と一緒に食べる弁当だ。

3 遠足の行き先は、ディズニーランドのような遊園地がいい。

4 遠足は新しい仲間を作るいい機会だ。

62 この文章の内容と合っているのはどれか。

1 遠足の日が雨だったら楽しい思い出が作れないと心配する中学生が多い。

2 最近の中学生は遠足を、友人との付き合いとして捉えているようだ。

3 行ってきた後の課題などで、遠足を楽しみにしている中学生が多い。

4 最近の中学生のほとんどは、遠足に出かけるのを面倒くさがっているようだ。

(2)

みなさんの身近にいる肥満な人はどんな人だろうか。誰もが好きで太っているわけではないと思うが、太るのには原因があるのは確かだろう。食べるのが大好きなのにまったく運動しない人もいれば、遺伝的に太りやすい体質の人もいるが、肥満な人に見られる共通した特徴や性格がある。

まず、面倒くさがり屋が多い。日常生活の中で、片付けができない面倒くさがりな人は太りやすい。部屋が汚く、片付けられない人は自分の食生活や体調管理ができないことが最も大きな原因だろう。

また楽観的な人は物事をポジティブに捉えがちなので、自分が太っていても不健康であっても気にしないことが多い。要するに、自分のことを肥満だと思っていないのだろう。最近は体型をうまくカバーしてくれるファッションも流行っているからか、体重の増減なんて気にしない。

それから我慢ができない人。食事制限も運動もダメで、お腹が空いたら時間なんて関係なく間食をとる。ダイエットに多少の我慢はつきものだと思う。自分を制御できないのに肥満化を制御できるわけがない。

ほとんどの肥満は自己管理不足なのは事実だろう。いきなり激しいダイエットを始めても続かない可能性が高いので、まずは小さな目標を立て、決めたこと(例えば帰りの駅を1つ手前で降りて歩くとか、19時以降は食べないなど)をできるだけ長く続けられることから始めた方がいい。激しい運動をしなくても、こまめに体を動かす習慣をつければそれだけで太らない体質になると思う。

ダイエットを始めるなら自分の性格や特徴についてよく考えてから行動に移そう。

**63** 筆者の考える肥満の一番の原因は何か。

1 遺伝的に太りやすい体質だ。

2 甘いおやつを食べすぎることだ。

3 ダイエットをする気がないことだ。

4 体を動かすのがおっくうだ。

**64** <u>体重の増減なんて気にしない</u>とあるが、どうしてか。

1 全体的に見て、肥満な人に引きこもりが多いから

2 自分は太っているという自覚を持っていないから

3 自分の健康には何の問題もないと思っているから

4 体型を隠してくれる服が簡単に手に入るから

**65** この文章の内容と合っているのはどれか。

1 肥満は、家族歴とはあまり関係ないようだ。

2 肯定的な思考の持ち主には肥満な人が少ない。

3 せっせと体を動かす人には肥満な人が少ない。

4 肥満は、自己管理だけでどうにかなる。

(3)

近所に富山城址公園があるが、父はこの公園での散歩を日課にしている。先日父は、「最近カラスが増えすぎてしまったな、いったい役所は何をやってるんだろう…、公園がカラスの基地のようになってるよ」と話していた。それで仕事帰りにちょっとのぞいてみたが、その数が半端ではなかったので本当にびっくりした。

カラスの数が増えたのはこの町だけではないようで、多くの自治体にとって悩みの種となっているが、富山市は、市街地のカラス対策について、追い払い重視から捕獲重視に切り替えると発表した。

今年度は前年度より3倍も多い2,700万円の予算を計上し、捕獲専用のおりを増設する。市民や観光客らが多く訪れている富山城址公園などで鳴き声やふんの被害が続く中、捕獲の強化によりカラスの個体数の減少を期待するという。

ねぐらとなっているこの公園を囲む木々や周辺の建物には日没頃、カラスが群れをなし、大きな鳴き声が響き渡る。市民たちは口を揃えて、「カラスの大群がいること以外はいい公園なんだけど…。小さな子供を連れた人は怖いだろうね」と話している。

富山市はこれまで、大きな破裂音を出したり、LEDライトの光などを当てたりしてカラスの接近を防ぐ「追い払い」に重点を置いてきた。しかし、観光客や住民の通行量が多い富山城址公園と富山県庁前の公園周辺がカラスのねぐらとなっている現状に変化はなく、歩道のあちこちにふんが落ち、悪臭を放つこともある。

富山市はすでに2006年度に捕獲作戦をしたことがある。調査によると、市内のカラス生息数は2008年度の約9,200羽から2016年度には約3,300羽に減少した。結局、富山市は、やはり追い払いより捕獲の方が効果が高いと判断し、再び捕獲作戦を強化することにした。

一方、専門家は、カラスは小動物の死骸を食べて街をきれいに保つ役割も持っているので、バランスを取りながら、対策を進めてほしいと話している。

**66** 本当にびっくりしたとあるが、どうしてか。

1 公園側でわざわざカラスのための基地を作っておいているから

2 公園で群れをなしているカラスの数があまりにも多かったから

3 父がこの公園での散歩を日課にしていることを初めて知ったから

4 カラスが群れをなして公園の空を飛び回っているから

**67** どうして富山市は、カラス対策を追い払いから捕獲重視に切り替えたか。

1 効果はあまり変わらないが、捕獲の方が費用が安く上がるから

2 追い払いより、捕獲の方がもっと結果を出せた過去の実証があるから

3 公園でカラスの群れを見て怖がる市民や子供が多いから

4 富山市の現状を見れば、追い払いより捕獲の方が合っているから

**68** この文章の内容として合っているのはどれか。

1 日本全体を見れば、カラスの個体数は激減してきていると言える。

2 多くの自治体では、カラスの群れを観光の材料で売り込もうとしている。

3 自治体でカラスを駆除する理由に、衛生の問題も挙げられる。

4 カラスは肯定的側面は一切持っておらず、全部駆除すべきである。

**問題12　次のAとBはそれぞれ、生徒の制服について書かれた文章である。二つの文章を読んで、後の問いに対する答えとして最もよいものを、1・2・3・4から一つ選びなさい。**

皆さんは生徒の制服についてどう思われますか。

**A**

制服は朝の準備が楽だ。ところが私服の場合は、毎日コーディネートを考えなければならない。特に女の子なら、毎日のコーディネートに頭を悩ませることも多いだろう。少しでもおしゃれな子に見られたい、かわいく見られたいと思うものだ。しかし制服の場合、コーディネートを考える必要がない。つまり服装を考える手間が省ける。それに家計負担の軽減にもなって経済的だし、1年を通して着られる。制服を着ているときは貧富の差も感じさせないし、毎日同じ格好で学校へ来ることができる。みんな同じなので一人だけ浮くこともない。服装に関してだけは、子供たちはみんな平等になるのだ。

**B**

制服を着せる一番の目的は、規律正しい人間を育てるためだ。しかし制服を着せたからと言って、必ずしも規律正しい人間に育つとは思わない。それから生徒の管理を容易にするために着せるのが制服だ。それに制服はみんな一緒だから一人一人の個性が失われる。ところが私服だと、自分に似合う服を着て学校へ行けるので、自分の個性を大切にし、相手との違いを認めるという環境が作れる。またスカート嫌いの女の子もいるが、私服なら、問題はない。もっと現実的な問題は、制服は毎日同じものを着るので不衛生だ。さらに体温調節がしにくいという問題もある。制服のある学校は衣替え期間があるが、この期間が来ないと勝手に半袖を着たり長袖を着たりすることができない。寒い暑いの調整がしにくいのが制服のデメリットではないだろうか。

69 AとBの筆者は、制服について何と述べているか。

1 Aは制服の長所と短所について述べていて、Bは制服の短所ばかり述べている。

2 Aは主に制服の長所について述べていて、Bは主に制服の短所について述べている。

3 AもBも制服に賛成で、制服の長所と短所を述べながら制服を着せるべきだと述べている。

4 AもBも制服に反対で、制服の長所と短所を述べながら制服を着せるべきでないと述べている。

70 AとBの共通している内容として正しいのは何か。

1 制服は衛生に問題がある。

2 制服の方が私服より安く上がる。

3 私服は季節に合わせたコーディネートができる。

4 制服は毎日着るものだ。

**問題13 次の文章を読んで、後の問いに対する答えとして最もよいものを、1・2・3・4から一つ選びなさい。**

皆さんはもう使わなくなった不用品をどう処理しているか。

使わなくなった家電や洋服などを、宅配買い取りサービスやインターネットオークションなどで売却すれば家計の助けになる。また購入の際にも利用すれば、費用が節約できる。消費生活アドバイザーは、「それぞれに特徴があり、商品によってうまく使い分けるといい」と話す。

私も知人に勧められて、約3年前からインターネットオークションの「ヤフオク!」を利用しているが、これまでパソコン用のモニターや冷蔵庫などの家電製品を売却したことがある。画面が破損して映らなくなった50型テレビを売ったこともあるが、壊れたジャンク品でも売ることができて驚いたのである。

テレビや冷蔵庫などの家電は、廃棄するにも数千円のリサイクル料がかかる。売却できればリサイクル料が節約できる上に、売却収入も得られる。一石二鳥①とはまさにこのことだなと感心している。

それから、女性のクローゼットに眠った洋服や靴、バッグをまとめて売ることもあるという。知人は「意外と売れる物は多い。使わない物はとにかく出してみて」と話してくれた。

また購入でも、量販店の半分以下の価格で、新品同様の中古品を購入したことがある。前から欲しかった真空管ラインアンプほか4点を総額3,000円で購入したが、新品なら総額で少なくとも1万円以上はする製品であった。

中古品の購入をためらう人のほとんどが抱いている不安は、「キズや汚れがあったり、壊れたりしている可能性もある」「型落ちの家電は購入後すぐに壊れてしまうのではないか」「もし詐欺だったら…」といったことであろう。それで私は、直接会って中古品を手に取って確認することにしている。中古品購入の際に、最も大事なのは、やはりちゃんと動作するかということ。それから、キズや汚れなどを確認。この過程②を経てから、購入を決めることにしている。

それに女性の場合は、製品を引き取る際、出品者に直接会うというのが不安だという人も多い。中には、変わった人もいるかもしれないから。女性なら、まず待ち合わせ場所や日時を決めるとき、公共施設、例えば駅や繁華街など、人目につきやすい場所で会うことをお勧めする。それから一人で行かないで、家族や友人に付き添ってもらおう。また、購入品に関するある程度の知識を持っている人と一緒ならもっといい。こうすれば中古品でも、安心して安全に購入することができると思う。

71 ①一石二鳥とあるが、どういう意味か。

1 壊れて映らなくなったテレビも売ることができるという意味

2 使わなくなった電気製品や衣類を一緒に売ることができるという意味

3 廃棄するときリサイクル料もかからないし、収入も得られるという意味

4 壊れたジャンク品でも高く売ることができるという意味

72 ②この過程とあるが、どんな過程か。

1 壊れた中古品を購入する際、修理してから値段を決める過程

2 中古品を購入する際、直接会って値段の交渉をする過程

3 待ち合わせ場所を決める際、適当な場所を決める過程

4 中古品を購入する際、自分の目で確かめる過程

73 この文章の内容と合っているのは何か。

1 家電製品をインターネットオークションなどで売却すれば、処分費用がかかる。

2 中古品購入をためらう一因に、旧型モデルの寿命に対する不安感があるようである。

3 筆者は中古品の購入をためらっているし、人にもあまり勧められないようである。

4 インターネットオークションで購入すれば、いつも新品同様の中古品が手に入る。

**問題14 右のページは、あるクールビズ実施のお知らせである。下の問いに対する答えとして最もよいものを、1・2・3・4から一つ選びなさい。**

74 この会社がクールビズを実施する最も大きな理由は何か。

1 快適な職場づくりのため

2 省エネのため

3 軽装の実施のため

4 お客様にたくさん来てもらうため

75 この文章の内容と合っているのはどれか。

1 この会社は、今までクールビズを実施したことがない。

2 クールビズは、環境省の命令によって実施するようになった。

3 冷房時の室温は、状況に応じて調整することができる。

4 クールビズ実施期間中は、役職員はネクタイをしめなければならない。

お客様各位

平成31年5月6日

## クールビズ実施のお知らせ

平素は格別のご愛顧を賜り、厚くお礼申し上げます。

弊社グループ各社は、今年も引き続き地球温暖化対策及び節電の取り組みが重要であることから、環境省の提唱する「クールビズ」を実施いたします。お客様及び取引先の皆様には、ご理解とご協力を賜りますようお願い申し上げます。

下記の期間中は、原則軽装(ノーネクタイ・ノージャケットなど)での勤務を推奨しております。

また、お客様におかれましても弊社グループ各社へご来訪の際は、軽装でお越しくださいますよう、併せてお願い申し上げます。

記

1. 実施期間：平成31年5月6日(月)〜平成31年9月30日(月)

2. 実施内容

(1) 室内の温度設定：原則として、冷房時の室温を28℃に設定いたします。
ただし、店舗などの各施設においては、お客様に不快感を与えないよう適宜温度調節を行ってまいります。

(2) 服装：上記期間中、役職員は原則として、ネクタイなどを着用せずに軽装での勤務といたします。
ただし、店舗などの各施設においては、お客様に不快感を与えないクールビズ対応を心掛けてまいります。

모의고사 2회

# N2

청 해
# 聴解

분
## (50分)

# 問題1

**問題1では、まず質問を聞いてください。それから話を聞いて、問題用紙の1から4の中から、最もよいものを一つ選んでください。**

## 1番 32

1 2号室を2時から借りる。

2 2号室を4時から借りる。

3 3号室を2時から借りる。

4 3号室を4時から借りる。

## 2番 33

1 学食に行く。

2 中古パソコンフェアに行く。

3 授業に行く。

4 生協に行く。

## 3番 34

1 他の人に内田さんを待たせる。

2 他の人と一緒に内田さんを待つ。

3 内田さんにハカタ通信に行く道を教える。

4 一人で内田さんを待つ。

## 4番 35

1 広報資料を作成する。

2 打ち合わせへ行く。

3 高校へ行って資料を配る。

4 就職率を調べる。

## 5番（ごばん） 36

1 松田君（まつだくん）に連絡（れんらく）してみる。

2 図書館（としょかん）へ本（ほん）を借（か）りに行（い）く。

3 美咲（みさき）さんに本（ほん）を借（か）りに行（い）く。

4 由美（ゆみ）さんの本（ほん）を借（か）りて帰（かえ）る。

# 問題2

問題2では、まず質問を聞いてください。そのあと、問題用紙のせんたくしを読んでください。読む時間があります。それから話を聞いて、問題用紙の1から4の中から、最もよいものを一つ選んでください。

## 1番 37

1 監督とトレーニングしたこと

2 落ち着いて試合ができたこと

3 家族が応援してくれたこと

4 相手選手にミスが多かったこと

## 2番 38

1 犬の世話をするのが好きだから

2 犬といると気が休まるから

3 犬を飼うと運動不足の解消になるから

4 犬と散歩に出かけるのが好きだから

## 3番 39

1 ファンヒーターに石油が入っていないから

2 室内の温度が高すぎるから

3 ファンヒーターの電源を入れ忘れたから

4 室内の空気が汚れているから

## 4番 40

1 遠足の行き先が気に入らないから

2 ずっと風邪気味で、 体調を崩したから

3 仲良しの子が遠足に行かないから

4 行き先が急に変わったから

## 5番 41

1 体重を減らすため

2 新しい分野に挑むため

3 老後の健康のため

4 ハーフマラソンを走りきるため

## 6番 42

1 毎晩遅くまで試験勉強をしているから

2 毎晩遅くまで授業を受けているから

3 親類から頼みごとをされたから

4 親類と英語の勉強を始めたから

## 問題3 43~47

問題3では、問題用紙に何も印刷されていません。この問題は、全体としてどんな内容かを聞く問題です。話の前に質問はありません。まず話を聞いてください。それから、質問とせんたくしを聞いて、1から4の中から、最もよいものを一つ選んでください。

— メモ —

## 問題4 48~59

問題4では、問題用紙に何も印刷されていません。まず文を聞いてください。それから、それに対する返事を聞いて、1から3の中から、最もよいものを一つ選んでください。

— メモ —

# 問題5 60~61

問題5では、長めの話を聞きます。この問題には練習はありません。メモをとってもかまいません。

## 1番、2番

問題用紙に何も印刷されていません。まず話を聞いてください。それから、質問とせんたくしを聞いて、１から４の中から、最もよいものを一つ選んでください。

— メモ —

## 3番 62

まず話を聞いてください。それから、二つの質問を聞いて、それぞれ問題用紙の1から4の中から、最もよいものを一つ選んでください。

### 質問1

1 防災教室

2 韓国語入門

3 パンとデザート作り

4 はじめよう、絵本読み聞かせ

### 質問2

1 防災教室

2 韓国語入門

3 パンとデザート作り

4 はじめよう、絵本読み聞かせ

JLPT N2 모의고사 단기완성 解答用紙

# 第１回 言語知識(文字・語彙・文法)・読解

| 受験番号 Examinee Registration Number | | 名前 Name | |
|---|---|---|---|

〈ちゅうい Notes〉
1. くろいえんぴつ（HB、No2）でかいてください。（ペンやボールペンではかかないでください。）
Use a black medium soft (HB or No.2) pencil.
(Do not use any kind of pen.)
2. かきなおすときは、けしゴムできれいにけしてください。
Erase any unintended marks completely.
3. きたなくしたり、おったりしないでください。
Do not soil or bend this sheet.
4. マークれい Marking examples

| よいれい Correct Example | わるいれい Incorrect Examples |
|---|---|
| ● | ⊘ ◯ ◎ ⦶ ⊜ ⦵ ◍ |

| 問題 1 | | | | |
|---|---|---|---|---|
| 1 | ① | ② | ③ | ④ |
| 2 | ① | ② | ③ | ④ |
| 3 | ① | ② | ③ | ④ |
| 4 | ① | ② | ③ | ④ |
| 5 | ① | ② | ③ | ④ |
| 問題 2 | | | | |
| 6 | ① | ② | ③ | ④ |
| 7 | ① | ② | ③ | ④ |
| 8 | ① | ② | ③ | ④ |
| 9 | ① | ② | ③ | ④ |
| 10 | ① | ② | ③ | ④ |
| 問題 3 | | | | |
| 11 | ① | ② | ③ | ④ |
| 12 | ① | ② | ③ | ④ |
| 13 | ① | ② | ③ | ④ |
| 14 | ① | ② | ③ | ④ |
| 15 | ① | ② | ③ | ④ |
| 問題 4 | | | | |
| 16 | ① | ② | ③ | ④ |
| 17 | ① | ② | ③ | ④ |
| 18 | ① | ② | ③ | ④ |
| 19 | ① | ② | ③ | ④ |
| 20 | ① | ② | ③ | ④ |
| 21 | ① | ② | ③ | ④ |
| 22 | ① | ② | ③ | ④ |

| 問題 5 | | | | |
|---|---|---|---|---|
| 23 | ① | ② | ③ | ④ |
| 24 | ① | ② | ③ | ④ |
| 25 | ① | ② | ③ | ④ |
| 26 | ① | ② | ③ | ④ |
| 27 | ① | ② | ③ | ④ |
| 問題 6 | | | | |
| 28 | ① | ② | ③ | ④ |
| 29 | ① | ② | ③ | ④ |
| 30 | ① | ② | ③ | ④ |
| 31 | ① | ② | ③ | ④ |
| 32 | ① | ② | ③ | ④ |
| 問題 7 | | | | |
| 33 | ① | ② | ③ | ④ |
| 34 | ① | ② | ③ | ④ |
| 35 | ① | ② | ③ | ④ |
| 36 | ① | ② | ③ | ④ |
| 37 | ① | ② | ③ | ④ |
| 38 | ① | ② | ③ | ④ |
| 39 | ① | ② | ③ | ④ |
| 40 | ① | ② | ③ | ④ |
| 41 | ① | ② | ③ | ④ |
| 42 | ① | ② | ③ | ④ |
| 43 | ① | ② | ③ | ④ |
| 44 | ① | ② | ③ | ④ |

| 問題 8 | | | | |
|---|---|---|---|---|
| 45 | ① | ② | ③ | ④ |
| 46 | ① | ② | ③ | ④ |
| 47 | ① | ② | ③ | ④ |
| 48 | ① | ② | ③ | ④ |
| 49 | ① | ② | ③ | ④ |
| 問題 9 | | | | |
| 50 | ① | ② | ③ | ④ |
| 51 | ① | ② | ③ | ④ |
| 52 | ① | ② | ③ | ④ |
| 53 | ① | ② | ③ | ④ |
| 54 | ① | ② | ③ | ④ |
| 問題 10 | | | | |
| 55 | ① | ② | ③ | ④ |
| 56 | ① | ② | ③ | ④ |
| 57 | ① | ② | ③ | ④ |
| 58 | ① | ② | ③ | ④ |
| 59 | ① | ② | ③ | ④ |

| 問題 11 | | | | |
|---|---|---|---|---|
| 60 | ① | ② | ③ | ④ |
| 61 | ① | ② | ③ | ④ |
| 62 | ① | ② | ③ | ④ |
| 63 | ① | ② | ③ | ④ |
| 64 | ① | ② | ③ | ④ |
| 65 | ① | ② | ③ | ④ |
| 66 | ① | ② | ③ | ④ |
| 67 | ① | ② | ③ | ④ |
| 68 | ① | ② | ③ | ④ |
| 問題 12 | | | | |
| 69 | ① | ② | ③ | ④ |
| 70 | ① | ② | ③ | ④ |
| 問題 13 | | | | |
| 71 | ① | ② | ③ | ④ |
| 72 | ① | ② | ③ | ④ |
| 73 | ① | ② | ③ | ④ |
| 問題 14 | | | | |
| 74 | ① | ② | ③ | ④ |
| 75 | ① | ② | ③ | ④ |

JLPT N2 모의고사 단기완성 **解答用紙**

# 第 1 回 聴解

| 受験番号 Examinee Registration Number | |
|---|---|

| 名前 Name | |
|---|---|

〈ちゅうい Notes〉
1. くろいえんぴつ（HB、No2）でかいてください。（ペンやボールペンではかかないでください。）
Use a black medium soft (HB or No.2) pencil. (Do not use any kind of pen.)
2. かきなおすときは、けしゴムできれいにけしてください。
Erase any unintended marks completely.
3. きたなくしたり、おったりしないでください。
Do not soil or bend this sheet.
4. マークれい Marking examples

| よいれい Correct Example | わるいれい Incorrect Examples |
|---|---|
| ● | |

| 問題 1 | | | | |
|---|---|---|---|---|
| 例 | ① | ② | ● | ④ |
| 1 | ① | ② | ③ | ④ |
| 2 | ① | ② | ③ | ④ |
| 3 | ① | ② | ③ | ④ |
| 4 | ① | ② | ③ | ④ |
| 5 | ① | ② | ③ | ④ |

| 問題 2 | | | | |
|---|---|---|---|---|
| 例 | ① | ● | ③ | ④ |
| 1 | ① | ② | ③ | ④ |
| 2 | ① | ② | ③ | ④ |
| 3 | ① | ② | ③ | ④ |
| 4 | ① | ② | ③ | ④ |
| 5 | ① | ② | ③ | ④ |
| 6 | ① | ② | ③ | ④ |

| 問題 3 | | | | |
|---|---|---|---|---|
| 例 | ① | ② | ③ | ● |
| 1 | ① | ② | ③ | ④ |
| 2 | ① | ② | ③ | ④ |
| 3 | ① | ② | ③ | ④ |
| 4 | ① | ② | ③ | ④ |
| 5 | ① | ② | ③ | ④ |

| 問題 4 | | | |
|---|---|---|---|
| 例 | ● | ② | ③ |
| 1 | ① | ② | ③ |
| 2 | ① | ② | ③ |
| 3 | ① | ② | ③ |
| 4 | ① | ② | ③ |
| 5 | ① | ② | ③ |
| 6 | ① | ② | ③ |
| 7 | ① | ② | ③ |
| 8 | ① | ② | ③ |
| 9 | ① | ② | ③ |
| 10 | ① | ② | ③ |
| 11 | ① | ② | ③ |
| 12 | ① | ② | ③ |

| 問題 5 | | | | | |
|---|---|---|---|---|---|
| 1 | | ① | ② | ③ | ④ |
| 2 | | ① | ② | ③ | ④ |
| 3 | (1) | ① | ② | ③ | ④ |
| | (2) | ① | ② | ③ | ④ |

JLPT N2 모의고사 단기완성 **解答用紙**

# 第 2 回 言語知識(文字・語彙・文法)・読解

| 受験番号 Examinee Registration Number | |
|---|---|

| 名前 Name | |
|---|---|

〈ちゅうい Notes〉
1. くろいえんぴつ（HB、No2）でかいてください。（ペンやボールペンではかかないでください。）
Use a black medium soft (HB or No 2) pencil.
(Do not use any kind of pen.)
2. かきなおすときは、けしゴムできれいにけしてください。
Erase any unintended marks completely.
3. きたなくしたり、おったりしないでください。
Do not soil or bend this sheet.
4. マークれい Marking examples

| よいれい Correct Example | わるいれい Incorrect Examples |
|---|---|
| ● | ⊗ ◯ ◯ ◎ ◯ ◯ ◯ |

| 問題 1 | | | | |
|---|---|---|---|---|
| 1 | ① | ② | ③ | ④ |
| 2 | ① | ② | ③ | ④ |
| 3 | ① | ② | ③ | ④ |
| 4 | ① | ② | ③ | ④ |
| 5 | ① | ② | ③ | ④ |
| **問題 2** | | | | |
| 6 | ① | ② | ③ | ④ |
| 7 | ① | ② | ③ | ④ |
| 8 | ① | ② | ③ | ④ |
| 9 | ① | ② | ③ | ④ |
| 10 | ① | ② | ③ | ④ |
| **問題 3** | | | | |
| 11 | ① | ② | ③ | ④ |
| 12 | ① | ② | ③ | ④ |
| 13 | ① | ② | ③ | ④ |
| 14 | ① | ② | ③ | ④ |
| 15 | ① | ② | ③ | ④ |
| **問題 4** | | | | |
| 16 | ① | ② | ③ | ④ |
| 17 | ① | ② | ③ | ④ |
| 18 | ① | ② | ③ | ④ |
| 19 | ① | ② | ③ | ④ |
| 20 | ① | ② | ③ | ④ |
| 21 | ① | ② | ③ | ④ |
| 22 | ① | ② | ③ | ④ |

| 問題 5 | | | | |
|---|---|---|---|---|
| 23 | ① | ② | ③ | ④ |
| 24 | ① | ② | ③ | ④ |
| 25 | ① | ② | ③ | ④ |
| 26 | ① | ② | ③ | ④ |
| 27 | ① | ② | ③ | ④ |
| **問題 6** | | | | |
| 28 | ① | ② | ③ | ④ |
| 29 | ① | ② | ③ | ④ |
| 30 | ① | ② | ③ | ④ |
| 31 | ① | ② | ③ | ④ |
| 32 | ① | ② | ③ | ④ |
| **問題 7** | | | | |
| 33 | ① | ② | ③ | ④ |
| 34 | ① | ② | ③ | ④ |
| 35 | ① | ② | ③ | ④ |
| 36 | ① | ② | ③ | ④ |
| 37 | ① | ② | ③ | ④ |
| 38 | ① | ② | ③ | ④ |
| 39 | ① | ② | ③ | ④ |
| 40 | ① | ② | ③ | ④ |
| 41 | ① | ② | ③ | ④ |
| 42 | ① | ② | ③ | ④ |
| 43 | ① | ② | ③ | ④ |
| 44 | ① | ② | ③ | ④ |

| 問題 8 | | | | |
|---|---|---|---|---|
| 45 | ① | ② | ③ | ④ |
| 46 | ① | ② | ③ | ④ |
| 47 | ① | ② | ③ | ④ |
| 48 | ① | ② | ③ | ④ |
| 49 | ① | ② | ③ | ④ |
| **問題 9** | | | | |
| 50 | ① | ② | ③ | ④ |
| 51 | ① | ② | ③ | ④ |
| 52 | ① | ② | ③ | ④ |
| 53 | ① | ② | ③ | ④ |
| 54 | ① | ② | ③ | ④ |
| **問題 10** | | | | |
| 55 | ① | ② | ③ | ④ |
| 56 | ① | ② | ③ | ④ |
| 57 | ① | ② | ③ | ④ |
| 58 | ① | ② | ③ | ④ |
| 59 | ① | ② | ③ | ④ |

| 問題 11 | | | | |
|---|---|---|---|---|
| 60 | ① | ② | ③ | ④ |
| 61 | ① | ② | ③ | ④ |
| 62 | ① | ② | ③ | ④ |
| 63 | ① | ② | ③ | ④ |
| 64 | ① | ② | ③ | ④ |
| 65 | ① | ② | ③ | ④ |
| 66 | ① | ② | ③ | ④ |
| 67 | ① | ② | ③ | ④ |
| 68 | ① | ② | ③ | ④ |
| **問題 12** | | | | |
| 69 | ① | ② | ③ | ④ |
| 70 | ① | ② | ③ | ④ |
| **問題 13** | | | | |
| 71 | ① | ② | ③ | ④ |
| 72 | ① | ② | ③ | ④ |
| 73 | ① | ② | ③ | ④ |
| **問題 14** | | | | |
| 74 | ① | ② | ③ | ④ |
| 75 | ① | ② | ③ | ④ |

JLPT N2 모의고사 단기완성 解答用紙

# 第 2 回　聴解

| 受験番号 Examinee Registration Number | |
|---|---|

| 名前 Name | |
|---|---|

〈ちゅうい Notes〉
1. くろいえんぴつ（HB、No2）でかいてください。（ペンやボールペンではかかないでください。）
   Use a black medium soft (HB or No.2) pencil.
   (Do not use any kind of pen.)
2. かきなおすときは、けしゴムできれいにけしてください。
   Erase any unintended marks completely.
3. きたなくしたり、おったりしないでください。
   Do not soil or bend this sheet.
4. マークれい Marking examples

| よいれい Correct Example | わるいれい Incorrect Examples |
|---|---|
| ● |  |

| 問題 1 | | | | |
|---|---|---|---|---|
| 例 | ① | ② | ● | ④ |
| 1 | ① | ② | ③ | ④ |
| 2 | ① | ② | ③ | ④ |
| 3 | ① | ② | ③ | ④ |
| 4 | ① | ② | ③ | ④ |
| 5 | ① | ② | ③ | ④ |

| 問題 2 | | | | |
|---|---|---|---|---|
| 例 | ① | ● | ③ | ④ |
| 1 | ① | ② | ③ | ④ |
| 2 | ① | ② | ③ | ④ |
| 3 | ① | ② | ③ | ④ |
| 4 | ① | ② | ③ | ④ |
| 5 | ① | ② | ③ | ④ |
| 6 | ① | ② | ③ | ④ |

| 問題 3 | | | | |
|---|---|---|---|---|
| 例 | ① | ② | ③ | ● |
| 1 | ① | ② | ③ | ④ |
| 2 | ① | ② | ③ | ④ |
| 3 | ① | ② | ③ | ④ |
| 4 | ① | ② | ③ | ④ |
| 5 | ① | ② | ③ | ④ |

| 問題 4 | | | |
|---|---|---|---|
| 例 | ● | ② | ③ |
| 1 | ① | ② | ③ |
| 2 | ① | ② | ③ |
| 3 | ① | ② | ③ |
| 4 | ① | ② | ③ |
| 5 | ① | ② | ③ |
| 6 | ① | ② | ③ |
| 7 | ① | ② | ③ |
| 8 | ① | ② | ③ |
| 9 | ① | ② | ③ |
| 10 | ① | ② | ③ |
| 11 | ① | ② | ③ |
| 12 | ① | ② | ③ |

| 問題 5 | | | | | |
|---|---|---|---|---|---|
| 1 | | ① | ② | ③ | ④ |
| 2 | | ① | ② | ③ | ④ |
| 3 | (1) | ① | ② | ③ | ④ |
| | (2) | ① | ② | ③ | ④ |

memo

memo

JLPT 일본어능력시험 N2
완벽 실전 대비서!

# JLPT N2 모의고사 단기완성

2회분

저자 | 황요찬

MP3 파일 무료 다운로드
핵심문제풀이 무료 동영상 8강
www.ybmbooks.com

해석·어휘 및 청해 스크립트, 정답 제공
저자 온라인 개인지도 서비스
kuzirachan@hanmail.net

## 해석집

YBM YBM 홀딩스

JLPT N2 단기완성

# 해석집

## 모의고사 1회



## 모의고사 2회

# 모의고사 1회 정답

| 영역 | 분야 | 문제 | | | | | | | | | | | | |
|---|---|---|---|---|---|---|---|---|---|---|---|---|---|---|
| 언어지식 – 문자·어휘·문법 – 독해 ↓ 105분 | 문자·어휘 | 1 | **1** | **2** | **3** | **4** | **5** | | | | | | | |
| | | | 1 | 4 | 1 | 2 | 3 | | | | | | | |
| | | 2 | **6** | **7** | **8** | **9** | **10** | | | | | | | |
| | | | 1 | 4 | 2 | 2 | 3 | | | | | | | |
| | | 3 | **11** | **12** | **13** | **14** | **15** | | | | | | | |
| | | | 3 | 2 | 4 | 1 | 4 | | | | | | | |
| | | 4 | **16** | **17** | **18** | **19** | **20** | **21** | **22** | | | | | |
| | | | 2 | 1 | 2 | 4 | 3 | 3 | 1 | | | | | |
| | | 5 | **23** | **24** | **25** | **26** | **27** | | | | | | | |
| | | | 3 | 1 | 4 | 2 | 3 | | | | | | | |
| | | 6 | **28** | **29** | **30** | **31** | **32** | | | | | | | |
| | | | 2 | 3 | 1 | 4 | 1 | | | | | | | |
| | 문법 | 7 | **33** | **34** | **35** | **36** | **37** | **38** | **39** | **40** | **41** | **42** | **43** | **44** |
| | | | 1 | 4 | 1 | 4 | 4 | 3 | 2 | 1 | 3 | 4 | 3 | 2 |
| | | 8 | **45** | **46** | **47** | **48** | **49** | | | | | | | |
| | | | 2 | 1 | 1 | 1 | 3 | | | | | | | |
| | | 9 | **50** | **51** | **52** | **53** | **54** | | | | | | | |
| | | | 2 | 4 | 3 | 1 | 4 | | | | | | | |
| | 독해 | 10 | **55** | **56** | **57** | **58** | **59** | | | | | | | |
| | | | 2 | 4 | 1 | 3 | 3 | | | | | | | |
| | | 11 | **60** | **61** | **62** | **63** | **64** | **65** | **66** | **67** | **68** | | | |
| | | | 3 | 2 | 4 | 3 | 4 | 1 | 1 | 3 | 2 | | | |
| | | 12 | **69** | **70** | | | | | | | | | | |
| | | | 4 | 2 | | | | | | | | | | |
| | | 13 | **71** | **72** | **73** | | | | | | | | | |
| | | | 1 | 3 | 2 | | | | | | | | | |
| | | 14 | **74** | **75** | | | | | | | | | | |
| | | | 3 | 4 | | | | | | | | | | |
| 청해 ↓ 50분 | | 1 | **1** | **2** | **3** | **4** | **5** | | | | | | | |
| | | | 4 | 2 | 1 | 2 | 1 | | | | | | | |
| | | 2 | **1** | **2** | **3** | **4** | **5** | **6** | | | | | | |
| | | | 4 | 1 | 2 | 3 | 3 | 3 | | | | | | |
| | | 3 | **1** | **2** | **3** | **4** | **5** | | | | | | | |
| | | | 3 | 4 | 2 | 1 | 2 | | | | | | | |
| | | 4 | **1** | **2** | **3** | **4** | **5** | **6** | **7** | **8** | **9** | **10** | **11** | **12** |
| | | | 2 | 3 | 2 | 1 | 1 | 3 | 2 | 2 | 2 | 3 | 1 | 3 |
| | | 5 | **1** | **2** | **3(1)** | **3(2)** | | | | | | | | |
| | | | 2 | 2 | 3 | 1 | | | | | | | | |

# 모의고사 1회 해석·어휘 및 청해 스크립트

1회
언어지식
독해
청해

## 언어지식(문자·어휘·문법)

### 問題 1

1 2020년 도쿄 올림픽·패럴림픽 경기 대회의 성공을 위해 범정부적으로 임하고 있습니다.
| 어휘 | パラリンピック 패럴림픽 競技(きょうぎ) 경기
大会(たいかい) 대회 ～に向(む)けて ～을 위해
挙(あ)げて 모두, 전부 取(と)り組(く)む 임하다

2 이 부분은 중요하지 않으니까 생략하겠습니다.
| 어휘 | 重要(じゅうよう) 중요 省略(しょうりゃく) 생략

3 잘못해서 앱을 삭제해도 삭제 전의 상태로 앱을 복원할 수 있습니다.
| 어휘 | 誤(あやま)る 잘못하다, 실수하다
アプリ 앱, 어플 *「アプリケーション」의 준말
削除(さくじょ) 삭제 状態(じょうたい) 상태
復元(ふくげん) 복원

4 가와치 선생님이 음악을 통해서 학생을 지도하는 모습, 저는 지금도 선명하게 기억하고 있습니다.
| 어휘 | ～を通(つう)じて ～을 통해서
生徒(せいと) (중·고교) 학생 導(みちび)く 지도하다
姿(すがた) (사람의) 모습 今(いま)でも 지금도
鮮明(せんめい) 선명 覚(おぼ)える 기억하다

5 다음 자료는 도서 반납기에 넣지 말고, 개관 시간 중에 카운터에 반납해 주세요.
| 어휘 | ブックポスト 도서 반납기 入(い)れる 넣다
～ず(に) ～하지 않고, ～하지 말고 開館(かいかん) 개관
返却(へんきゃく) 반환, 반납

### 問題 2

6 일부 점포를 제외하고 가게에서 카드 잔액은 확인할 수 없습니다.
| 어휘 | てんぽ(店舗) 점포 除(のぞ)く 제외하다
残高(ざんだか) 잔액

7 따뜻하고 습기찬 공기가 유입되어 오기 때문에 대기가 불안정해져서 비가 되겠죠.
| 어휘 | しめ(湿)る 습기차다
流(なが)れ込(こ)む 흘러들다, 유입되다 大気(たいき) 대기
滑(すべ)る 미끄러지다

8 이 프로젝트를 실행하는 데에 있어서 가장 타당한 방법은 뭘까요?
| 어휘 | 実行(じっこう) 실행
동사의 기본형+うえ(上)で ～하는 데에 있어서 妥当(だとう) 타당
打倒(だとう) 타도

9 이번에는 회계 소프트웨어를 도입할 때의 주의점에 대해서 설명하겠습니다.
| 어휘 | 会計(かいけい) 회계 どうにゅう(導入) 도입

10 9월 25일, 총리대신은 중의원을 해산했다.
| 어휘 | 総理大臣(そうりだいじん) 총리대신
衆議院(しゅうぎいん) 중의원 かいさん(解散) 해산

### 問題 3

11 근래 아시아 (여러) 나라의 급속한 경제 성장 및 경제 발전이 주목받고 있다.
| 어휘 | 近年(きんねん) 근래
諸(しょ)～ 여러～, 많은～ *「諸国(しょこく)」 – 여러 나라
急速(きゅうそく) 급속 注目(ちゅうもく) 주목

12 도시부에서는 선로(를 따라서) 있는 집도 드물지 않습니다.
| 어휘 | 線路(せんろ) 선로 ～沿(ぞ)い ～을 따라서, ～연도[연변]
～共(とも)に ～함께 ～付(つ)き ～붙음
～際(ぎわ) (명사에 붙어서) (바로) ～가, (바로) ～옆 *「窓際(まどぎわ)」 – 창가

13 간장을 거품을 일게 해서 굳힌 젤리 (상태)인 것을 집어서 먹습니다.
| 어휘 | しょうゆ 간장 泡立(あわだ)てる 거품이 일게 하다
固(かた)める 굳히다 ～状(じょう) ～상태
つまむ (손가락으로) 집다

14 그 교수는 예전부터 쭉 학력무용(론)을 주창하고 있다.
| 어휘 | ずっと 쭉, 계속 学歴(がくれき) 학력
無用(むよう) 무용 ～論(ろん) ～론 唱(とな)える 주창하다

15 존경받는 사람에게 있어서 겸허와 (낮은) 자세는 당연한 일이다.
| 어휘 | 尊敬(そんけい) 존경
～にとって (사람·입장·신분) ～에게 있어서
謙虚(けんきょ) 겸허 低(てい)～ 저～, 낮은～ 姿勢(しせい) 자세
当(あ)たり前(まえ) 당연함

### 問題 4

16 5년 전에 출판된 이 소설의 (개정)판이 올해 나왔습니다.

1 개정
**2 개정**
3 개정
4 개량

| 어휘 | 出版(しゅっぱん) 출판 改訂(かいてい) 개정, 책의 내용을 고쳐 정정함 *「改訂版(かいていばん)」 – 개정판
改正(かいせい) 개정, 부적당한 곳이나 미비한 점을 고치는 것 *「校則(こうそく)を改正(かいせい)する」 – 교칙을 개정하다
改定(かいてい) 개정, 법률·제도 등 이전의 것을 고쳐서 새로이 정하는 것 *「条約(じょうやく)を改定(かいてい)する」 – 조약을 개정하다

17 비가 온 후에는 공기가 맑아서 경치가 보다 (뚜렷이) 보입니다.

**1 뚜렷이**
2 전부
3 확고히
4 몰래

| 어휘 | 澄(す)む 맑(아지)다 景色(けしき) 경치 より 보다
くっきり 뚜렷이 そっくり 전부, 몽땅 しっかり 확고히
こっそり 몰래

18 복수의 수신 메일을 선택해서 (일괄)해서 전송하는 방법을 가르쳐 주세요.

1 단숨
**2 일괄**
3 슬쩍 봄
4 무조건

| 어휘 | 複数(ふくすう) 복수, 둘 이상의 수 受信(じゅしん) 수신
一括(いっかつ) 일괄 転送(てんそう) 전송 一気(いっき) 단숨
一目(いちもく) 슬쩍 봄, 한번 봄 一概(いちがい) 무조건

19 생활하는 가운데에서 (화)가 나는 일이 많은 것은 역시 인간관계라고 생각한다.

1 배
2 코
3 어깨
**4 머리(「頭(あたま)に来(く)る」의 형태가 되면 '화가 나다'라는 뜻의 관용구가 됨)**

20 문자는 입력할 수 있지만, 한자로는 (변환)할 수 없다.

1 교환
2 개조
**3 변환**
4 반송

| 어휘 | 文字(もじ) 글자, 문자 入力(にゅうりょく) 입력
漢字(かんじ) 한자 変換(へんかん) 변환 交換(こうかん) 교환
改造(かいぞう) 개조 返送(へんそう) 반송

21 그 기묘한 모양을 한 도구가 도대체 무엇에 쓰이는 물건인지 소년은 전혀 (짐작)도 가지 않았다.

1 보는 방법
2 견해
**3 짐작**
4 견본

| 어휘 | 奇妙(きみょう) 기묘, 이상 形(かたち) 모양
道具(どうぐ) 도구 一体(いったい) 도대체 全(まった)く 전혀
見当(けんとう) 짐작 *「見当(けんとう)がつく」 – 짐작이 가다
見方(みかた) 보는 방법 見解(けんかい) 견해 見本(みほん) 견본

22 그녀는 미술 전람회에 그림을 (출품)하게 되었습니다.

**1 출품**
2 출원
3 출몰
4 출하

| 어휘 | 展覧会(てんらんかい) 전람회 絵画(かいが) 회화, 그림
出品(しゅっぴん) 출품 出願(しゅつがん) 출원
出没(しゅつぼつ) 출몰 出荷(しゅっか) 출하

## 問題 5

23 부디 적당한 브랜드를 이용해서 새로운 패션에 도전해 보세요.

1 유명한
2 고급스러운
**3 적당한**
4 사치스러운

| 어휘 | ぜひ 부디, 꼭
リーズナブル 리즈너블, (가격 등이) 적당함, 비싸지 않음
挑戦(ちょうせん) 도전 てごろ(手頃) (자기 능력 · 조건에) 적당함
ぜいたく(贅沢) 사치스러움, 분에 넘침

24 이 회사는 가장 성장이 뚜렷한 인재 서비스 기업으로 평가받고 있다.

**1 두드러진**
2 빠른
3 기대할 수 있는
4 늦은

| 어휘 | いちじる(著)しい 뚜렷하다, 현저하다
人材(じんざい) 인재 企業(きぎょう) 기업 評価(ひょうか) 평가
めだ(目立)つ 눈에 띄다, 두드러지다

25 우선 세계 식량문제에 대해 언급해 두고 싶습니다.

1 손을 대
2 연구해
3 깊게 해
**4 이야기해**

| 어휘 | 食糧(しょくりょう) 식량 ふ(触)れる 언급하다
さわ(触)る 만지다 けんきゅう(研究) 연구
ふか(深)める 깊게 하다 はな(話)す 이야기하다

26 옷장 안에는 언니의 후물림 옷이 들어 있다.

1 언니가 사 준
**2 언니가 입었던**
3 언니가 선물해 준
4 언니가 만들어 준

| 어휘 | タンス 옷장, 장롱 おさ(下)がり (윗사람의) 후물림
入(はい)る 들다

27 어릴 때부터의 꿈이 있어서 그 때문에 저금을 해 왔습니다.

1 일해
2 돈을 벌어
**3 돈을 모아**
4 열심히 해

| 어휘 | そのために 그 때문에, 그래서 貯金(ちょきん) 저금
はたら(働)く 일하다 かせ(稼)ぐ (돈을) 벌다
た(貯)める 모으다, 저축하다

## 問題 6

28 서행

1 일본 대표팀의 연습을 서행해 왔습니다.
**2 비가 오는 날에는 물이 튀지 않도록 서행합시다.**
3 그럼, 또 날을 서행해서 찾아뵙겠습니다.
4 약속 장소에 가기 전에 시간을 서행해 두자.

| 어휘 | 徐行(じょこう) 서행 は(跳)ねる 튀다
うかが(伺)う 찾아뵙다 *「訪(おとず)れる」(방문하다)의 겸양어
待(ま)ち合(あ)わせ (때와 장소를 미리 정하고) 약속하여 만나기로 함

**29** 대비하다

1 여행을 가기 전에 여행지의 날씨 정보를 대비해 봤습니다.
2 이 회사에서는 초심자라도 대비할 수도 있습니다.
**3 재해 발생 시에 대비해서 비상식량 등을 준비해 둡시다.**
4 무대에 오를 때에 대비하지 않는 배우는 없다고 생각합니다.
| 어휘 | そな(備)える 대비하다 旅行先(りょこうさき) 여행지
初心者(しょしんしゃ) 초심자 災害(さいがい) 재해
非常食(ひじょうしょく) 비상식량 舞台(ぶたい) 무대
上(あ)がる 오르다 役者(やくしゃ) 배우

**30** 다 없애다[쓰다], 바닥내다

**1 쌀이 떨어져서[쌀을 다 써서] 점심은 스파게티로 했다.**
2 그는 상당히 화난 표정으로 나를 향해 다 쓰고 있었다.
3 더위 탓에 몸 상태를 다 쓰는 사람이 속출하고 있다.
4 감기가 나았다고 생각했더니 또 다 쓰고 말았다.
| 어휘 | き(切)らす 다 없애다[쓰다], 바닥내다 米(こめ) 쌀
相当(そうとう) 상당히 怒(おこ)る 화내다
表情(ひょうじょう) 표정 向(む)かう 향하다 暑(あつ)さ 더위
〜せいで 〜탓에 体調(たいちょう) 몸 상태, 컨디션
続出(ぞくしゅつ) 속출 風邪(かぜ) 감기
治(なお)る 낫다, 치료되다

**31** 게재

1 사람을 학력이나 돈으로 게재하는 것은 좋지 않은 일이다.
2 후지산 정상에서는 어떤 게재를 볼 수 있을까?
3 이 문장은 표현이 게재이므로 이해하기 어렵다.
**4 구인 광고 게재를 생각하시는 분은 이쪽을 봐 주십시오.**
| 어휘 | 掲載(けいさい) 게재 学歴(がくれき) 학력
山頂(さんちょう) 산꼭대기, 정상 求人(きゅうじん) 구인
広告(こうこく) 광고 ご覧(らん) 보심

**32** 비축하다

**1 흙은 식물의 영양이 되는 것 등 주위 물질을 비축하는 성질이 있다.**
2 나는 고향을 떠난 후로 쭉 혼자서 비축하고 있습니다.
3 이 식당은 일본 전통의 맛을 계속 비축하고 있습니다.
4 유미코는 매운 것을 못 먹어서 카레도 비축할 수 없다.
| 어휘 | たくわ(蓄)える 비축하다 土(つち) 땅, 흙
植物(しょくぶつ) 식물 栄養(えいよう) 영양
物質(ぶっしつ) 물질 離(はな)れる 떠나다 ずっと 쭉, 계속
伝統(でんとう) 전통 味(あじ) 맛
동사의 ます형+続(つづ)ける 계속 〜하다

## 問題 7

**33** 회사에 대한 여러 가지 불만은 있을 거라고 생각하지만, (굳이) 그렇게까지 말하지 않아도 좋을 텐데 라고 생각하는 경우도 있다.

**1 굳이**
2 무엇을
3 뭐든지
4 웬일인지
| 어휘 | 不満(ふまん) 불만 なに(何)も 굳이
なん(何)でも 무엇이든지 なん(何)だか 웬일인지

**34** 확실히 게는 맛있지만 (먹기 힘들다).

1 자주 먹는다
2 먹는 기색이다
3 먹을지도 모른다
**4 먹기 힘들다**
| 어휘 | 確(たし)かに 확실히, 분명히 カニ 게
동사의 ます형+づらい 〜하기 힘들다, 〜하는 것이 거북하다
동사의 ます형+がちだ 자주 〜하다, (자칫) 〜하기 쉽다
동사의 ます형+ぎみ(気味)だ 〜기색이다, 〜기미다, 〜경향이다
동사의 ます형+かねない 〜할지도 모른다

**35** 부장 : 스즈키 군, 미안한데 토요일 이벤트, 담당해 줄 수 있겠나?
스즈키 : 예, (하겠습니다).

**1 하겠습니다**
2 시켜도 괜찮겠습니까?
3 해 주십시오
4 해도 괜찮겠습니까?
| 어휘 | 悪(わる)い 미안하다 担当(たんとう) 담당
〜てもらう (남에게) 〜해 받다 やる 하다
〜(さ)せていただく (화자가 그 행위를) 〜하다 *「する」의 겸양표현
〜ていただく (남에게) 〜해 받다 *「〜てもらう」의 공손한 표현

**36** 엄마는 '젊으시네요' 라는 점원의 감언이설에 넘어가서 고가의 옷을 (샀다).

1 사졌다
2 사게 했다
3 사지 않고 끝났다
**4 샀다(사게 시킴을 당했다)**
| 어휘 | 〜なんて 〜라는 *여기서는 「〜などという」(〜등 이라고 하는)라는 의미로 쓰임
口車(くちぐるま)に乗(の)る 감언이설에 넘어가다
高価(こうか) 고가 買(か)う 사다
〜ずにす(済)む 〜하지 않고 끝나다, 〜하지 않아도 된다

**37** 우주에 관한 연구로 밝혀진 것은 아직 극히 일부(에 지나지 않는다고는 하지만) 연구는 착실히 진행되고 있다.

1 에 지나지 않는다고 하면
2 에 지나지 않는 것부터가
3 에 지나지 않을 만한 일인가?
**4 에 지나지 않는다고는 하지만**
| 어휘 | 宇宙(うちゅう) 우주 明(あき)らかになる 밝혀지다
ごく 극히 〜にすぎない 〜에 지나지 않다, 〜에 불과하다
〜とはいえ 〜라고는 하지만 着実(ちゃくじつ) 착실
進(すす)む 진행되다 〜というと 〜라고 하면
〜からして 〜부터가

**38** 내 인생, 일은 (이대로 좋은 것일까?) 라고 곰곰이 생각하고 있다.

1 이대로 좋겠지
2 이대로라면 좋은 것일까?
**3 이대로 좋은 것일까?**
4 이대로만은 좋은 것일까?
| 어휘 | 自分(じぶん) 나, 저 人生(じんせい) 인생
このまま 이대로 つくづく 곰곰이 〜ばかり 〜만, 〜뿐

**39** 우선은 자세한 내용을 확인하신 (後) 구입을 부탁드립니다.

**1** 때
**2** 후
**3** (바로) 옆
**4** 끝남

ㅣ어휘ㅣ 詳細(しょうさい) 상세, 자세한 내용
명사+の+うえ(上) 〜한 후
購入(こうにゅう) 구입 〜さい(際) 〜때
〜ぎわ(際) (명사에 붙어서) (바로) 〜가, (바로) 〜옆
〜ず(済)み 〜이 끝남, 필

**40** 어제 공연은 (도저히) 3명만의 연주라고는 생각되지 않을 정도로 훌륭했다.

**1** 도저히
**2** 더욱이
**3** 재차
**4** 약간

ㅣ어휘ㅣ 公演(こうえん) 공연 とても 도저히
演奏(えんそう) 연주 〜とは 〜라고는 思(おも)える 생각되다
さらに 더욱이 ふたた(再)び 재차 やや 약간

**41** 일전에는 약속을 했는데도 댁을 방문하지 못한 것을 진심으로 (사과드립니다).

**1** 사과받고 싶습니다
**2** 사과하러 와 주십시오
**3** 사과드립니다
**4** 사과해 주십시오

ㅣ어휘ㅣ 先日(せんじつ) 일전 〜のに 〜는데도
心(こころ)から 진심으로 お+동사의 ます형+申(もう)し上(あ)げる 〜해 드리다, 〜하다 *겸양표현 詫(わ)びる 사과하다

**42** 딸의 영어회화 선생님은 아이들을 즐겁게 공부시킵니다. 교실은 언제나 아이들의 웃음 소리가 넘치고 있습니다. '항상 아이들을 (즐겁게 해 주어서) 감사합니다!'라고 감사의 말을 하고 싶습니다.

**1** 즐겨 주어서
**2** 즐겨 주어서
**3** 즐겁게 해 주어서
**4** 즐겁게 해 주어서

ㅣ어휘ㅣ 英会話(えいかいわ) 영어회화
笑(わら)い声(ごえ) 웃음소리 あふ(溢)れる (흘러)넘치다
楽(たの)しむ 즐기다 〜てくれる (남이 나에게) 〜해 주다
お礼(れい)を言(い)う 감사의 말을 하다
〜てあげる (내가 남에게) 〜해 주다

**43** 농업을 존속시키려면 어떤 방법으로 시장경제로부터 차단하는 것을 생각할 수 (밖에 없을 것이다).

**1** 일도 없다
**2** 리가 없다
**3** 밖에 없을 것이다
**4** 임에 틀림없다

ㅣ어휘ㅣ 農業(のうぎょう) 농업 存続(そんぞく) 존속
〜には 〜하려면 なんらかの+명사 어떤〜
市場(しじょう) 시장 遮断(しゃだん) 차단
〜しかあるまい 〜밖에 없을 것이다
〜わけがない 〜일 리가 없다 〜ほかならない 〜임에 틀림없다

**44** 누구나 외면하고 생각하고 싶어하지 않는 문제일지도 모르지만, 사람이 병에 걸려서 손을 (쓸 방법이 없는) 상태가 되어 버리면 과연 어떤 의료가 적절한 것일까?

**1** 시행하기 어려운
**2** 쓸 방법이 없는
**3** 시행해서는 안 되는
**4** 시행하지 않고는 못 배기는

ㅣ어휘ㅣ 誰(だれ)もが 누구나
目(め)を背(そむ)ける 눈길을 돌리다, 외면하다
おか(冒)す 병에 걸리게 하다
手(て)を施(ほどこ)す 손을 쓰다, 대책을 마련하다
동사의 ます형+よう(様)がない 〜할 방법이[도리가] 없다
果(は)たして 과연 医療(いりょう) 의료 適切(てきせつ) 적절
施(ほどこ)す 시행하다
동사의 ます형+かねる 〜하기 어렵다
〜てはいけない 〜해서는 안 된다
〜ずにはいられない 〜하지 않고는 못 배기다

## 問題 8

**45** 그렇지만 일단 이 나라에 불기 시작한 개혁의 바람은 아무 ★래도 멎을 것 같지 않다.
: それでも、いったんこの国(くに)に吹(ふ)き始(はじ)めた改革(かいかく)の風(かぜ)は どう ★にも 止(と)まりそうにない。

ㅣ어휘ㅣ それでも 그렇지만 いったん(一旦) 일단
吹(ふ)く 불다 동사의 ます형+始(はじ)める 〜하기 시작하다
改革(かいかく) 개혁 どうにも 아무래도 止(と)まる 멎다

**46** 한마디로 '고령자의 주거'라고 해도 종류가 ★너무 많아서 잘 모르겠다.
: 一口(ひとくち)に「高齢者(こうれいしゃ)の住(す)まい」といっても 種類(しゅるい)が ★多(おお) すぎてよくわからない。

ㅣ어휘ㅣ 一口(ひとくち) 한마디 住(す)まい 주거
〜といっても 〜라고 해도 い형용사의 어간+すぎる 너무 〜하다

**47** 그러고 보니 최근에 아이에게 화 만 내고 ★있는 듯한 생각이 든다. 독신 시절에는 이렇게 화내지 않았는데….
: そういえば最近(さいきん)、子(こ)どもに怒(おこ)って ばかり ★いる ような気(き)がする。独身時代(どくしんじだい)はこんなに怒(おこ)らなかったのに…。

ㅣ어휘ㅣ そういえば 그러고 보니 怒(おこ)る 화내다
〜てばかりいる 〜하고만 있다
気(き)がする 생각[느낌]이 들다
独身(どくしん) 독신

**48** 근래 일본에서의 구급운송은 증가하고 있으며 ★작년 데이터로 말하자면 연간 600만 건의 구급운송이 발생하고 있다고 한다.
:近年(きんねん)日本(にほん)での救急搬送(きゅうきゅうはんそう)は増加(ぞうか)しており、★昨年(さくねん)のデータで 言(い)うと年間(ねんかん)600万件(まんけん)の救急搬送(きゅうきゅうはんそう)が起(お)こっているそうだ。

ㅣ어휘ㅣ 救急(きゅうきゅう) 구급 搬送(はんそう) 반송, 운송
増加(ぞうか) 증가 昨年(さくねん) 작년 年間(ねんかん) 연간
起(お)こる 일어나다, 발생하다

**49** 외국어에 대응할 수 있는 병원은 일본 전국에서도 10군데 정도 밖에 없다 라는 것으로 보아 **★근래의** 외국인 관광객이 증가하고 있는 상황이라면 앞으로 이러한 것은 개선이 필요하다고 생각한다.

: 外国語(がいこくご)に対応(たいおう)できる病院(びょういん)は日本全国(にほんぜんこく)でも10カ所(しょ)程度(ていど)しかないということからすると、**★近年(きんねん)の** 外国人観光客(がいこくじんかんこうきゃく)が増加(ぞうか)している状況(じょうきょう)だと、今後(こんご)こういったものは改善(かいぜん)が必要(ひつよう)だと考(かんが)えている。

| 어휘 | 対応(たいおう) 대응 ～しか ～밖에
～からすると ～으로 보아 状況(じょうきょう) 상황
今後(こんご) 앞으로 こういった 이러한, 이런
改善(かいぜん) 개선

## 問題 9

**50-54**

다음은 어느 잡지로 보내져 온 상담이다.

초등학교 4학년인 딸에 관해서입니다. 초2부터 피아노를 시작해서 2년 지났습니다. 조금씩 실력이 향상되어 왔는데, 레슨이 엄격한 50탓인지 딸은 매일 하는 피아노 연습을 어쨌든 싫어하게 되었습니다. 싫어하는 가운데 어떻게든 30분만이라도 괜찮으니 해야지 하고 계속하고 있습니다.

이제 곧 발표회가 있는데, 10월쯤부터 연습을 시작했51지만 좀처럼 선생님이 지적하신 부분을 고치지 못해서 선생님도 안달이 나서 레슨이 평소 이상으로 엄격해졌습니다. 그런데 딸의 연주는 점점 심해져 버렸습니다. 이런 딸에게 저도 초조해져 버려서 이제 한계를 느낌과 동시에 딸에 대한 죄책감도 느끼고 있습니다. 즐겁게 느린 속도로52진행할 수 있는 다른 선생님으로 바꿔 보면 어떨까 하고 고민하고 있습니다.

53실은 저도 어렸을 때 연습이 싫어서 도중에 피아노를 그만둬 버렸기 때문에 딸의 기분을 이해할 수 있는 부분도 있고, 마지못해 54무리하게 연습을 계속해도 마이너스가 될 뿐인가 라고도 생각하고 있습니다. 하지만 여기서 저와 같은 실패를 하지 않도록 분발하게 하는 것이 좋은 것인지…. 그러나 지금 저도 아이도 아주 괴롭습니다.

피아노 경험이 있는 여러분은 이런 상태가 되신 적이 있는 경우, 어떻게 대처해 오셨는지 알려 주셨으면 합니다.

| 어휘 | ある 어느 寄(よ)せる 보내다
小学(しょうがく) 초등학교 *「小学校(しょうがっこう)」의 준말
経(た)つ (시간이) 지나다, 흐르다
上達(じょうたつ) 실력이 향상됨 厳(きび)しい 엄격하다
とにかく 어쨌든 いや(嫌)がる 싫어하다 何(なん)とか 어떻게든
開始(かいし) 개시, 시작 なかなか 좀처럼 指摘(してき) 지적
直(なお)す 고치다 ～ず ～하지 않아서
イライラ 안달복달하는[초조한] 모양 演奏(えんそう) 연주
どんどん 점점 限界(げんかい) 한계
～と同時(どうじ)に ～함과 동시에
罪悪感(ざいあくかん) 죄책감 感(かん)じる 느끼다
変(か)える 바꾸다 悩(なや)む 고민하다 いや(嫌) 싫음
や(止)める 그만두다 いやいや 마지못해 失敗(しっぱい) 실패
がんば(頑張)る 분발하다 親子(おやこ) 부모와 자식
～とも(共)に ～함께 経験(けいけん) 경험 対処(たいしょ) 대처

**50**

1 덕분인지
**2 탓인지**
3 할까 보냐
4 뿐만 아니라
| 어휘 | ～おかげ ～덕분 ～せい ～탓 ～ものか ～할까 보냐
～ばかりか ～뿐만 아니라

**51**

1 하게도
2 인 것을
3 것만으로
**4 지만**
| 어휘 | ～ことに ～하게도 ～ものの ～지만

**52**

1 진행되는
2 진행되고
**3 진행할 수 있는**
4 진행하지 않고
| 어휘 | 進(すす)む 진행되다 進(すす)める 진행하다
～ず(に) ～하지 않고, ～하지 말고

**53**

**1 실은**
2 실로
3 오히려
4 도리어
| 어휘 | 実(じつ)は 실은 実(じつ)に 실로 むしろ 오히려
かえって 도리어

**54**

1 분발해서
2 열심히
3 오로지
**4 무리하게**
| 어휘 | 一生懸命(いっしょうけんめい)に 열심히, 열심임
ひたすら 오로지 無理(むり)に 무리하게

## 독해

### 問題 10

(1)

'젊은이의 술 기피', '맥주 기피'가 요즘 화제가 되고 있는데, 이 '술 기피'의 진짜 원인은 빈곤에 있음이 밝혀졌다. 국민건강·영양조사 데이터에 의하면 주3일 이상, 하루당 일본술 환산으로 1홉 이상 마시는 20대 남성의 비율은 1995년 시점에서는 34.9% 있는 한편으로, 2010년에는 14.7%까지 저하되었다. 게다가 전 연령층을 조사한 결과를 봐도 1995년 54.4%에서 2010년 35.4%까지 감소하고 있다. 또한 술을 전혀 마시지 않는 사람의 비율(비음주율)은 2000년에 8.6%이었던 것이 2010년이 되자 16.4%까지 상승했다. 그러나 이것을 수입별로 보면 연간 수입이 낮으면 낮을수록 비음주율의 상승은 심해지지만, 연간 수입 650만 엔 이상인 사람의 비음주율은 거의 변화하고 있지 않다. 즉, 술을 마시는 사람의 비율은 수입에 비례해서 올라, '술 기피'의 진짜 이유는 낮은 수입이 원인이라고 알 수 있다.

| 어휘 | ～離(ばな)れ ～와 관심이 멀어짐
昨今(さっこん) 작금, 요즘　話題(わだい) 화제
原因(げんいん) 원인　貧困(ひんこん) 빈곤　栄養(えいよう) 영양
～によると ～에 의하면, ～에 따르면　～につき ～당
日本酒(にほんしゅ) 일본술　換算(かんさん) 환산
～合(ごう) ～홉　割合(わりあい) 비율　時点(じてん) 시점
～一方(いっぽう)で ～하는 한편으로　低下(ていか) 저하
さらに 더욱이, 게다가　年齢(ねんれい) 연령
減(へ)る 줄다, 감소하다　全(まった)く 전혀　比率(ひりつ) 비율
飲酒(いんしゅ) 음주　上昇(じょうしょう) 상승
収入(しゅうにゅう) 수입　年収(ねんしゅう) 연간 수입
～ば～ほど ～하면 ～할수록　比例(ひれい) 비례
上(あ)がる 오르다

**55** 이 글의 내용으로 옳은 것은 어느 것인가?

1 일본인 젊은이의 음주량은 늘고 있는 것 같다.
**2 연령을 불문하고 일본인의 음주량은 줄고 있는 것 같다.**
3 개인의 수입과 음주량은 그다지 관계없는 것 같다.
4 건강을 위해서 술을 삼가는 사람이 늘고 있는 것 같다.
| 어휘 | 増(ふ)える 늘다, 증가하다
동사의 ます형+つつある ～하고 있다
～を問(と)わず ～을 불문하고　慎(つつし)む 삼가다

(2)

국내를 즐기는 방법으로 들 수 있는 것은 역시 경치, 온천, 맛집 탐방 등일까? 당신이라면 어떻게 즐길 것인가? 나는 그때의 상태에 따라 바뀐다고는 생각하지만, 지금이라면 내가 살고 있는 곳과는 반대의 장점이 있는 장소에 가겠다. 사람은 없는 것을 조르는 법이니까 나도 없는 것을 추구하고 만다. 특히 음식! 이것만큼은 절대로 뺄 수 없다. 평소에는 맛볼 수 없는 맛있는 것을 먹는다. 실은 젊은 시절에 갔던 어느 현이 있는데 거기에서 먹었던 그 맛을 잊을 수 없다. 기억에서는 점점 잊어버려도 혀는 기억하고 있어서 우연한 때에 먹고 싶어진다. 해외의 식사와는 달리 역시 태어나 자란 일본의 맛은 잘 입에 맞았다. 신체의 여러 곳에 기억은 남아 있는 것이다.

| 어휘 | 楽(たの)しむ 즐기다
동사의 ます형+方(かた) ～하는 법　挙(あ)げる (예로서) 들다
やはり 역시　景色(けしき) 경치　グルメ 맛집 탐방
変(か)わる 바뀌다
地元(じもと) 자기의 생활 근거지, 자기가 살고 있는 지역
ないものねだり 거기에 없는 것을 무리하게 졸라 댐, 생떼
求(もと)める 추구하다　特(とく)に 특히　食(しょく) 음식
絶対(ぜったい)に 절대로, 꼭　外(はず)す 제외하다, 빼다
普段(ふだん) 평소　味(あじ)わう 맛보다　記憶(きおく) 기억
どんどん 점점　舌(した) 혀　覚(おぼ)える 기억하다
ふとした 우연한　違(ちが)う 다르다
生(う)まれ育(そだ)つ 그 고장에서 태어나 자라다
口(くち)に合(あ)う 입에 맞다　身体(しんたい) 신체
残(のこ)る 남다

**56** 이것만큼은 절대로 뺄 수 없다라고 쓰여 있는데, 어째서인가?

1 그때의 상태에 따라서 가고 싶은 곳이 바뀌는 것이 당연하니까
2 일본의 어디에 가도 맛있는 것은 꼭 있으니까
3 젊은 시절 갔던 곳에서 먹었던 것의 맛을 잊을 수 없으니까
**4 거기에서밖에 먹을 수 없는 것을 맛보고 싶으니까**
| 어휘 | ～によって ～에 따라서　当(あ)たり前(まえ) 당연함

(3)

우리 회사에서는 매년 5월, 사원의 자녀들이 회사를 방문하게 되어 있다. '낮 동안 아빠'의 분투하는 모습을 참관하게 하려는 것이다. 귀가하는 것은 심야이고, 쉬는 날은 하루 종일 드러누워 잔다는 사원이 많아서 아버지의 권위는 추락 일로. 그래서 회사에서는 열심히 일하는 모습을 보게 해서 '부권 회복'을 도모하는 것이 이 계획의 목적이다. 올해는 23명의 자녀들이 회사를 방문했다. 사장님에게 직접 회사 설명을 받은 아이들은 이어서 사원식당에서 아버지와 함께 점심을 먹었다. 이후 각자 아버지의 책상 구석에서 일하는 모습을 지켜봤는데, 아버지들은 자기 아이의 눈을 의식해서 약간 긴장한 기색이었다.

| 어휘 | 訪問(ほうもん) 방문　昼間(ひるま) 낮 동안
奮戦(ふんせん) 분전, 분투　～ぶり ～하는 모습
参観(さんかん) 참관　～というわけだ ～라는 것이다
帰宅(きたく) 귀가　深夜(しんや) 심야
一日中(いちにちじゅう) 하루 종일
ごろ寝(ね) 옷을 입은 채 아무데나 쓰러져 잠　権威(けんい) 권위
落(お)ちる 떨어지다
동사의 기본형+一方(いっぽう)だ ～일로다, (오직) ～하기만 하다
バリバリ 척척, 열심히 *일 등을 열심히 해 나가는 모양
父権(ふけん) 부권　図(はか)る 도모하다
訪(おとず)れる 방문하다　受(う)ける 받다
続(つづ)いて 계속해서, 이어서
昼食(ちゅうしょく)をとる 점심을 먹다　隅(すみ) 구석
見守(みまも)る 지켜보다　わが子(こ) 내 아이　意識(いしき) 의식
やや 약간　緊張(きんちょう) 긴장
명사+気味(ぎみ) ～기색, ～기미, ～경향

**57** 이 계획의 목적은 무엇인가?

**1 아버지의 체면을 세워 주는 것**
2 아버지와 사이 좋게 지내는 것
3 아버지의 일하는 모습을 지켜보는 것

**4** 아버지의 기운을 북돋아 주는 것
| 어휘 | 顔(かお)を立(た)てる 체면을 세우다
元気(げんき)づける 기운을 북돋우다

(4)

요즘 일이나 육아를 끝낸 후에 '젊을 때 다하지 못한 꿈을 이루고 싶다', '도쿄 올림픽을 위해 영어를 익히고 싶다' 등 해외로 떠나는 사람이 많다고 한다. 이른바 시니어세대, 특히 60세 이상의 희망자가 늘고 있다고 하며, 수요는 더욱더 높아질 것으로 예상되고 있다. 가장 인기인 것은 역시 영어권. 미국을 비롯해 캐나다, 영국 등으로 2~4주간 정도, 어학원에 다니면서 현지 가정에서 홈스테이 등을 한다. 비용은 50만 엔 전후로 관광여행으로는 얻을 수 없는 귀중한 체험도 할 수 있다고 한다. 역시 새로운 것에 대한 도전에 연령은 관계없는 것 같다.

| 어휘 | 子育(こそだ)て 육아 終(お)える 끝내다
果(は)たす 완수하다, 다하다 夢(ゆめ)をかなえる 꿈을 이루다
五輪(ごりん) 오륜, 올림픽 身(み)につける 몸에 익히다, 습득하다
向(む)かう 향하다, (향해) 가다, 떠나다 いわゆる 이른바
需要(じゅよう) 수요 ますます 점점, 더욱더
高(たか)まる 높아지다 予想(よそう) 예상
~をはじめ ~을 비롯해 通(かよ)う 다니다 得(え)る 얻다
貴重(きちょう) 귀중 挑戦(ちょうせん) 도전

**58** 이 글의 내용과 맞는 것은 어느 것인가?

**1** 육아를 하면서 영어공부를 시작하는 사람이 늘고 있는 것 같다.
**2** 시니어세대의 해외유학 붐은 이제 곧 잠잠해질 것 같다.
**3 젊을 때 할 수 없었던 것에 도전하는 사람이 늘고 있는 것 같다.**
**4** 영어를 익히기 위해서 해외에 장기 체류하는 사람이 많은 것 같다.
| 어휘 | 治(おさ)まる 잠잠해지다 滞在(たいざい) 체재, 체류

(5)

사무소 이전에 대한 안내

평소 보살펴 주셔서 대단히 감사합니다.

이번에 '히카리공업'은 업무 확대에 따라 10월 7일자로, 아래의 주소로 이전하게 되었으므로 안내해 드립니다.

새로운 사무소에서의 업무 개시는 10월 12일을 예정하고 있었습니다만, 많은 고객님으로부터의 요망에 의해 10월 10일에 재개하게 되었습니다.

앞으로도 한층 더 성원을 해 주시기를 부탁드립니다.

【신 주소】
도쿄도 미나토쿠 다카나와 4-10-□□
후지빌딩
TEL: (03)1234-5678

| 어휘 | 移転(いてん) 이전 平素(へいそ) 평소
愛顧(あいこ) 애고, 사랑하여 돌봄 誠(まこと)に 정말로, 대단히
このたび(度) 이번, 금번 *격식 차린 말씨
~にともな(伴)い ~에 따라, ~에 수반하여
~をもちまして ~으로, ~로써 *일이 행해지는 때를 나타냄
ご+한자 명사+申(もう)し上(あ)げる ~해 드리다, ~하다 *겸양표현
再開(さいかい) 재개 要望(ようぼう) 요망
~(さ)せていただく ~하다 *「する」의 겸양표현
今後(こんご)とも 앞으로도 いっそう(一層) 한층 더
引(ひ)き立(た)て 돌봄, 보살핌 賜(たまわ)る 주시다

**59** 이 안내에서 가장 알리고 싶은 것은 무엇인가?

**1** '히카리공업'의 업무 변경에 의한 사무소 이전
**2** '히카리공업'의 이전일이 바뀐 것
**3 '히카리공업'의 영업 재개가 예정보다 앞당겨지는 것**
**4** '히카리공업'의 이전을 도와주었으면 하는 것
| 어휘 | 変更(へんこう) 변경 変(か)わる 바뀌다
早(はや)まる 앞당겨지다 手伝(てつだ)う 도와주다
~てほしい ~해 주었으면 하다

## 問題 11

(1) **60-62**

대학에 들어가면 서클 동료와의 술자리가 있다. 마구 술을 마시고 몹시 취해서 야단법석을 떨고…. 거리 곳곳에서 자주 보는 광경일지도 모르지만, 나는 이 술자리가 질색이어서 그다지 가고 싶지 않았다. 사회인이 된 지금도 변함은 없다.

대학 시절의 나는 내성적인 성격으로, '얼굴은 알지만 이야기한 적은 없다'는 사람과 어울리는 것이 서툴렀다. 평소에 관계가 없는 사람과 그때만 겉으로만 사이 좋게 이야기하고, 토하고 걸을 수 없게 될 때까지 술을 마시고 귀가가 늦어져서 잠을 못 자고…. 그래서 그런 사람이 많이 참가하는 서클의 술자리를 거절했는데, 주위 사람들(특히 선배들)에게 '인간관계를 위해서 참가하는 편이 좋다'라는 등의 말을 듣고, 때로는 참가를 강요받은 적도 있었다.

게다가 대학 시절의 나는 학비와 생활비를 부모님으로부터 받고 있었다. 혼자 살고 있었기 때문에 걱정도 끼치고 있었다. 그 부모님의 돈을 야단법석을 떠는 것에 써 버리는 것에는 죄책감마저 느끼고 있었기 때문에 술자리에 초대받아도 항상 거절했던 것이다.

물론 술자리에 가서 선배에게 과목 공략법을 듣기도 하고 졸업생 등에게서 취직한 곳에서 어떤 일을 하고 있는 것인가 라든지 직장의 결정 방법이나 추천할 만한 곳을 묻거나 하는 유용한 정보를 얻는 일도 있다고는 생각한다. 그러나 좋은 인간관계를 쌓기 위해서는 절대 술의 힘이 필요하다는 사고방식에는 여전히 찬성하기 어려운 것이다.

| 어휘 | 入(はい)る 들어가다, 입학하다 仲間(なかま) 동료
飲(の)み会(かい) 술자리 じゃんじゃん 마구
酔(よ)っ払(ぱら)う 몹시 취하다 大騒(おおさわ)ぎ 야단법석
街中(まちじゅう) 거리 곳곳 見(み)かける 눈에 띄다, 보다
光景(こうけい) 광경 変(か)わり 변함 内気(うちき) 내성적임
付(つ)き合(あ)う (의리나 사교상) 함께 하다
ふだん(普段) 평소 関(かか)わり 관계, 상관
表面上(ひょうめんじょう) 표면상 吐(は)く 토하다
睡眠(すいみん) 수면 と(取)る 취하다 断(ことわ)る 거절하다
周(まわ)り 주위 強(し)いる 강요하다 学費(がくひ) 학비
一人暮(ひとりぐ)らし 혼자서 삶 かける (걱정 등을) 끼치다
馬鹿騒(ばかさわ)ぎ 야단법석 罪悪感(ざいあくかん) 죄책감
~さえ ~마저 攻略法(こうりゃくほう) 공략법
OB(オービー) 졸업생
就職先(しゅうしょくさき) 취직처, 취직한 곳 ススメ 추천
築(きず)く 쌓다 考(かんが)え方(かた) 사고방식
相変(あいか)わらず 여전히 동사의 ます형+かねる ~하기 어렵다

**60** 지금도 변함은 없다라고 쓰여 있는데, 어떤 의미인가?

1 술을 많이 마시고 몹시 취해서 야단법석을 떠는 것은 지금도 싫어한다.
2 거리 곳곳에서 술취한 사람을 보는 것은 지금도 자주 있는 일이다.
**3 사회인이 된 지금도 술자리에는 그다지 가고 싶지 않다.**
4 얼굴도 모르는 사람과 어울리는 것은 지금도 그다지 좋아하지 않는다.

| 어휘 | 酔(よ)っ払(ぱら)い 술취한 사람

**61** 이 사람이 대학 시절, 술자리에 가고 싶지 않았던 가장 큰 이유로 생각되는 것은 무엇인가?

1 이 사람은 인간관계가 좋지 않았기 때문에
**2 이 사람은 낯을 가렸기 때문에**
3 이 사람은 혼자서 집에 돌아가는 것이 무서웠기 때문에
4 이 사람은 선배들에게 괴롭힘을 당하고 있었기 때문에

| 어휘 | 人見知(ひとみし)り 낯을 가림 いじめる 괴롭히다

**62** 이 글의 내용으로 옳은 것은 어느 것인가?

1 이 사람은 술을 전혀 마시지 못하는 것 같다.
2 이 사람은 학창 시절, 돈에 여유가 있는 생활을 하고 있었다.
3 이 사람은 술자리를 통해서 진정한 인간관계를 쌓을 수 있다고 생각하고 있다.
**4 이 사람은 술자리의 장점도 인정하고 있다.**

| 어휘 | 余裕(よゆう) 여유 ~を通(つう)じて ~을 통해서
真(しん)の~ 진정한, 참다운 メリット 장점
認(みと)める 인정하다

(2) **63-65**

이시카와현을 방문하는 외국인 관광객이 요즘 엔저 등의 영향으로 눈에 띄게 늘고 있다. 이런 이유로 이시카와현은 작년부터 외국인 관광객의 수용 증가를 목표로 하여 숙박시설이나 관광안내소를 방문한 외국인을 대상으로 전화로 통역을 하는 서비스를 시작했다. 방문을 받은 시설의 종업원이 콜센터에 전화하면 상주하는 영어, 중국어, 한국어 통역원이 대응하는 시스템으로, 일본 최초의 서비스라고 한다. 금년도에는 약 300만 엔의 사업비를 예정하고 있고, 나라가 전국의 자치단체에 나누어 주는 교부금을 활용한다고 한다.

이 서비스에서는 현이 민간업자에게 위탁해서 운영하는 콜센터에 365일, 24시간 태세로 통역원이 상주한다. 호텔이나 음식점, 선물가게 등을 외국인이 방문했을 때, 종업원이 이 콜센터에 전화하면 3개 국어의 통역원이 중개하여 통역해 준다.

이 서비스를 받기 위해서는 우선 관광 관련 시설 등이 현의 홈페이지에서 입수할 수 있는 신청서에 필요 사항을 기입하고, 팩스나 메일로 신청해야 한다. 그 다음에 현에서 검토하고 허가가 나오면 이용할 수 있다. 등록은 무료라고 한다.

현에서 제시받은 번호로 걸면 전화요금만 부담하면 이용할 수 있다. 휴대전화에서 건 경우 1분 동안에 약 30엔 정도의 비용이 발생한다. 지금까지 현 내에 있는 약 600군데의 관광 관련 시설 중, 약 300군데가 등록했다고 하는데, 이것으로 외국인 관광객을 수용하는 측의 안심으로 이어질 것 같다.

| 어휘 | 訪(おとず)れる 방문하다 このところ 요즘, 최근
円安(えんやす) 엔화 약세, 엔저
目立(めだ)つ 눈에 띄다, 두드러지다 増(ふ)える 늘다, 증가하다
受(う)け入(い)れ 수용 増加(ぞうか) 증가
目指(めざ)す 지향하다, 목표로 하다 宿泊(しゅくはく) 숙박
~向(む)け ~용, ~대상 通訳(つうやく) 통역
行(おこな)う 하다, 행하다 始(はじ)める 시작하다
訪問(ほうもん) 방문 従業員(じゅうぎょういん) 종업원
常駐(じょうちゅう) 상주 対応(たいおう) 대응
仕組(しく)み 짜임새, 구조, 시스템 初(はつ) 첫, 최초
~ということだ ~라고 한다 今年度(こんねんど) 금년도
自治体(じちたい) 자치단체 配(くば)る 나누어 주다, 분배하다
交付金(こうふきん) 교부금 委託(いたく) 위탁
運営(うんえい) 운영 態勢(たいせい) 태세
飲食店(いんしょくてん) 음식점
土産物店(みやげものてん) 선물가게
間(あいだ)に立(た)つ 중개하다 入手(にゅうしゅ) 입수
申込書(もうしこみしょ) 신청서 記入(きにゅう) 기입
申(もう)し込(こ)む 신청하다
~なければならない ~하지 않으면 안 된다, ~해야 한다
許可(きょか) 허가
下(お)りる (관청 등으로부터) 결정·지시가 나오다
提示(ていじ) 제시 負担(ふたん) 부담 かける (전화를) 걸다
費用(ひよう) 비용 ~うち ~중, ~가운데 登録(とうろく) 등록
つな(繋)がる 이어지다, 연결되다

**63** 시스템이라고 쓰여 있는데, 어떤 시스템인가?

1 통역원이 공휴일을 제외한 평일 근무 시간에 한해 3개 국어 통역을 해 준다.
2 통역 콜센터에는 프랑스어나 독일어 통역원도 상주하고 있다.
**3 통역원이 항상 콜센터에 주재하고 있고 3개 국어의 통역을 해 준다.**
4 한국인이나 미국인 등이 항상 콜센터에 주재하고 있고 통역을 해 준다.

| 어휘 | 祝日(しゅくじつ) 축일, 공휴일 除(のぞ)く 제외하다
平日(へいじつ) 평일 ~に限(かぎ)って ~에 한해
駐在(ちゅうざい) 주재

**64** 이 통역 서비스를 받고 싶은 관광 관련 시설은 맨 처음에 무엇을 해야 하는 것인가?

1 우선 이시카와현의 허가를 얻어 신청서에 필요 사항을 기입한 후 우송한다.
2 우선 이시카와현청을 직접 방문하여 통역 콜센터 이용의 허가를 구한다.
3 우선 이시카와현에서 제시받은 번호로 걸어서 통역 콜센터 이용의 허가를 구한다.
**4 우선 이시카와현의 홈페이지에서 신청서를 다운로드한다.**

| 어휘 | 得(え)る 얻다 명사+の+上(うえ) ~한 후
郵送(ゆうそう) 우송 求(もと)める 구하다, 요청하다

**65** 이 글의 내용과 맞지 않는 것은 어느 것인가?

**1 엔의 가치 상승에 의해 일본을 방문하는 관광객의 수는 늘고 있는 것 같다.**
2 이시카와현에서 시작한 통역 콜센터는 다른 현에서는 한 적이 없는 서비스다.
3 이시카와현의 관광 관련 시설 중 약 절반 정도는 이미 이 통역 서비스를 받고 있다.
4 이 통역 서비스를 받기 위해서는 이시카와현의 허가를 얻어야 한다.

| 어휘 | 上昇(じょうしょう) 상승

동사의 ます형+つつある ~하고 있다
半分(はんぶん) 절반 すでに 이미

(3) **66-68**

여러분의 자녀는 어떤가?

우리 아이는 자고 있는 시간을 제외하고 스마트폰을 손에서 놓지 못하고 있다. 물론 이것은 우리 아이에 한한 이야기는 아닌 것 같다. 그럼, 편리성과 분쟁이 동거하는 스마트폰이라는 공간과 어떻게 마주 대해야 하는가? 이것은 이미 자녀를 둔 부모들의 두통거리라고도 할 만한 ①사회문제가 되고 있다.

내각부 조사에서는 이제는 초등학생의 40% 가까이가, 중학생에서는 두 명 중에 한 명, 고등학생이 되면 거의 전원 스마트폰을 가지고 있다고 한다. 친구와 즐겁게 수다를 떨거나 게임에 즐거워하기도 한다. 또한 SNS를 통해 좋아하는 연예인의 (주)일거수일투족을 관찰할 수 있다.

호기심이 왕성한 아이에게 있어서 인터넷 공간은 매혹적일 것이다. 물론 조사함에 도움이 되면 학습 효과도 기대할 수 있다.

예를 들면 작년에 초등학교 6학년과 중학교 3학년을 대상으로 한 전국 학력 테스트 결과를 보면 하루에 1시간까지 인터넷을 사용하고 있다는 아이의 성적이 가장 좋았다. 그 이상이 되면 성적은 떨어지는 경향이었다.

스마트폰을 잘 다루지 못해서 자칫 의존하기 쉬운 아이의 증가는 마음에 걸린다. 식사 중이나 이불 속에서도 손에서 놓지 않는다. 수면 부족으로 인해 공부나 운동이 등한해진다. 반사회적 정보를 접해서 범죄에 말려들 우려도 있다.

'커뮤니케이션 앱'에서는 수중에 도착한 메시지를 읽었는지 어떤지가 즉석에서 상대방에게 전해진다. 회신하지 않으면 괴롭힘이나 따돌림으로 이어질지도 몰라서 답글을 그만둘 수 없다. 그런 ②강박적인 현상도 일어나고 있다.

만약 아이에게 사 줄 거라면 자녀와 함께 규칙을 정해야 한다고 생각한다. 아이치현 가리야시에서는 올해 4월부터 모든 초중학교와 PTA가 연계해, 오후 9시 이후에는 부모가 맡아서 보관하고 사용하지 못하게 한다는 공통 규칙을 도입하여 실제로 효과가 나타났다고 한다. 학교와 지역, 가정이 보조를 맞춰서 짜낸 지혜를 높이 평가하고 싶다.

(주)일거수일투족 : 세세한 하나하나의 동작이나 행동

| 어휘 | うち 우리 スマホ 스마트폰 *「スマートホン」의 준말
手放(てばな)す 손에서 놓다 限(かぎ)る 제한하다, 한하다
利便性(りべんせい) 편리성, 편의성 トラブル 트러블, 분쟁
同居(どうきょ) 동거 空間(くうかん) 공간
向(む)き合(あ)う 마주 대하다 ~べき ~해야 할, ~할 만한
もはや 이미, 벌써 頭痛(ずつう)の種(たね) 두통거리
今(いま)や 이제는 ~割(わり) ~할, 십분의 일 ほぼ 거의
興(きょう)じる 흥겨워하다, 즐거워하다
芸能人(げいのうじん) 연예인
一挙手一投足(いっきょしゅいっとうそく) 일거수일투족
観察(かんさつ) 관찰 好奇心(こうきしん) 호기심
旺盛(おうせい) 왕성
~にとって (사람·입장·신분) ~에게 있어서
ネット 인터넷 *「インターネット」의 준말 空間(くうかん) 공간
魅惑的(みわくてき) 매혹적
調(しら)べ物(もの) (공부·연구 등을 위해) 조사함
役立(やくだ)つ 도움이 되다, 유익하다 見込(みこ)む 기대하다
学力(がくりょく) 학력, 학문의 역량
下(さ)がる (성적 등이) 떨어지다
동사의 ます형+気味(ぎみ)だ ~기색이다, ~기미다, ~경향이다
使(つか)いこなす 잘 다루다 依存(いぞん) 의존
동사의 ます형+がちだ 자주 ~하다, (자칫) ~하기 쉽다
気(き)にかかる 마음에 걸리다 布団(ふとん) 이불
睡眠不足(すいみんぶそく) 수면 부족
おろそ(疎)か 소홀함, 등한함 触(ふ)れる 접하다
犯罪(はんざい) 범죄 巻(ま)き込(こ)む 말려들게 하다
おそ(恐)れ 우려 手元(てもと) 수중 届(とど)く 도착하다
即座(そくざ)に 즉석에서 伝(つた)わる 전해지다
返信(へんしん) 회신 仲間外(なかまはず)れ 따돌림
つな(繋)がる 이어지다, 연결되다
동사의 ます형+かねない ~할지도 모른다 ~ず ~하지 않아서
書(か)き込(こ)み 리플, 답글 や(止)める 그만두다
強迫(きょうはく) 강박 現象(げんしょう) 현상
起(お)きる 일어나다, 발생하다
PTA(ピーティーエー) PTA, 육성회 連携(れんけい) 연계
以降(いこう) 이후 預(あず)かる 책임지고 맡아서 보관하다
足並(あしな)みをそろ(揃)える 보조를 맞추다
絞(しぼ)り出(だ)す (생각 등을) 짜내다 知恵(ちえ) 지혜
こま(細)か 세세함

**66** ①사회문제라고 쓰여 있는데, 왜 필자는 그렇게 생각하고 있는 것인가?

**1 스마트폰에서 떨어지지 못하는 아이가 많아졌기 때문에**
2 대부분의 가정에서는 스마트폰 요금을 부모가 지불하고 있기 때문에
3 아이들이 스마트폰 게임에 푹 빠져 있기 때문에
4 스마트폰을 가지고 있지 않으면 괴롭힘을 당하기 때문에

| 어휘 | 離(はな)れる 떨어지다 夢中(むちゅう) 열중함, 몰두함

**67** ②강박적인 현상도 일어나고 있다라고 쓰여 있는데, 왜인가?

1 자신의 아이에게 스마트폰을 사 주는 것이 의무가 되어 있기 때문에
2 오후 9시 이후에는 부모에게 스마트폰을 맡겨야 하기 때문에
**3 자신의 의지가 아니라 친구 관계가 걱정스러워서 강제적으로 하기 때문에**
4 스마트폰이 없으면 아무것도 할 수 없는 아이가 급증하고 있기 때문에

| 어휘 | 義務(ぎむ) 의무 預(あず)ける 맡기다
急増(きゅうぞう) 급증

**68** 이 글의 내용과 맞는 것은 어느 것인가?

1 일본 초등학생의 절반 이상은 이미 스마트폰을 가지고 있다.
**2 스마트폰도 사용법에 따라서는 도움이 되는 경우도 있다.**
3 인터넷 이용 시간의 증가에 따라 성적도 좋아졌다.
4 아이들은 스마트폰 이용으로 푹 잘 수 있게 되었다.

| 어휘 | 使(つか)い方(かた) 사용법
명사+次第(しだい) ~에 따라
~につ(連)れて ~에 따라, ~에 의해
ぐっすり 푹 *깊은 잠을 자고 있는 모양 眠(ねむ)る 자다

## 問題 12

**69-70**

여러분은 초등학생의 선행학습에 대해서 어떻게 생각하십니까?

A

학원 등지에서 미리 공부해 둔 아이들은 학교 수업을 따라가기 수월해 질 것이다. 그리고 내용을 알고 있기 때문에 거수 발언 등을 통해 수업에서 활약하기 쉬워지고 자신감도 가질 수 있게 된다고 생각한다. 또한 학교 수업이 복습이 되어 기억에 남기 쉬워진다. 마지막으로 학교 선생님이 편향되게 가르치는 사람이었을 경우, 그것이 수정되는 부분도 있을 것이다. 다만 학원 수업이 학교 수업보다 이해하기 쉽고 재미있기 때문에 학교 수업이 재미없고 지루하게 느껴 수업을 똑똑히 듣지 않게 되거나 수업 태도가 나빠지거나 하는 패턴에는 주의해 주었으면 한다.

| 어휘 | 先取(さきど)り学習(がくしゅう) 선행학습
塾(じゅく) 학원 ～とか ～라든가 前(まえ)もって 미리
～に付(つ)いていく ～을 따라가다
동사의 ます형+やすい ～하기 쉽다 挙手(きょしゅ) 거수
発言(はつげん) 발언 活躍(かつやく) 활약
自信(じしん) 자신, 자신감 残(のこ)る 남다
偏(かたよ)る (한쪽으로) 치우치다
教(おし)え方(かた) 가르치는 방법, 교수법
修正(しゅうせい) 수정 退屈(たいくつ) 지루함
しっかり 똑똑히, 착실히 気(き)をつ(付)ける 조심[주의]하다
～てほしい ～해 주었으면 하다

B

나는 확실히 선행학습에 의한 장점도 있다고는 생각하지만 단점 쪽이 더 크다고 생각한다. 만약 학원 수업이 학교 수업보다 이해하기 어렵고 재미없으면 전혀 예습이 되지 않는다. 반대로 학원 수업을 이해하기 쉬워서 재미있을수록 이번에는 학교 수업을 재미없게 느끼거나 그 탓으로 수업 태도가 나빠지거나 한다. 게다가 자칫 학원 숙제가 많아지기 쉬워서 학생의 부담이 커지거나 그것을 관리하는 부모의 부담이 늘거나 하는 경우도 있지만 무엇보다 걱정스러운 것은 학원과 학교 선생님의 교수법이 다르면 혼란스러워져 버리는 경우. 이렇게 되면 학교 수업이 머리에 들어오기 어렵게 되어 때로는 선생님에게 반발하는 일도 있을 것이다.

| 어휘 | 確(たし)かに 확실히, 분명히 メリット 장점
デメリット 단점 동사의 ます형+にくい ～하기 어렵다
予習(よしゅう) 예습 逆(ぎゃく)に 반대로 ～ほど ～할수록
せい 탓 負担(ふたん) 부담
増(ま)す (수·양·정도가) 커지다, 늘다 何(なに)より 무엇보다
違(ちが)う 다르다 混乱(こんらん) 혼란
頭(あたま)に入(はい)る 머리에 들어오다 反発(はんぱつ) 반발

**69** A와 B의 필자는 선행학습에 대해서 뭐라고 말하고 있는가?

1 A도 B도 선행학습에 찬성으로, 학원에 다니게 해야 한다고 말하고 있다.
2 A도 B도 선행학습에 반대로, 학원에 다니게 해서는 안 된다고 말하고 있다.
3 A는 선행학습의 장점만을 말하고, B는 선행학습의 단점만을 말하고 있다.
**4 A도 B도 선행학습의 단점을 말하고 있다.**

| 어휘 | 述(の)べる 말하다, 서술하다 賛成(さんせい) 찬성
通(かよ)う 다니다 ～べきだ ～해야 한다

**70** A와 B의 공통된 의견은 무엇인가?

1 아이에게 있어서 학원은 필요불가결하다.
**2 학원의 선행학습에 문제가 있다.**
3 선행학습을 위해서 학원에 가게 해야 한다.
4 학원 수업은 학교 수업보다 이해하기 쉽다.

| 어휘 | 必要不可欠(ひつようふかけつ) 필요불가결

## 問題 13

**71-73**

프리랜서란 특정 기업이나 조직에 귀속하지 않고 스스로 계약을 주고받는 일하는 방식을 가리키며, 개인 사업주라고도 불린다. 미국 국내의 노동 조사에서는 인구의 약 30 %, 즉 3명 중에 1명이 프리랜서로서 일하고 있다는 결과가 나왔을 정도로, ①미국 등에서는 이미 보편적인 일하는 방식이 되어 있다.

일본에서도 근래 이 프리랜서라는 일하는 방식이 인지되기 시작해, 현재는 일본 인구의 약 10%, 즉 10명 중에 1명이 프리랜서로서 일하고 있으며, 그 인구가 1,000만 명을 돌파했다고 한다. 그렇다고 해도 1,000만 명 모두가 프리랜서로서 본업을 하고 있는 것은 아니고, 어디까지나 부업으로 하고 있는 사람도 포함시킨 인원수로, 본업인 사람은 아직도 비율이 좀 적은 것 같다.

프리랜서에 많은 직종으로는 전문 기능을 필요로 하는 업무가 많고 Web계에서는 '엔지니어', '디자이너', '작가' 등이 있으며, 그 이외에서는 '컨설턴트', '사(士)가 붙는 직업' 등을 생업으로 하는 사람이 많다.

㈜클라우드 소싱의 보급은 프리랜서 인구 증가의 이유가 되고 있는데, 왜 이제야 일본 국내에서 프리랜서 인구가 늘고 있는 것일까? 프리랜서라는 일하는 방식이 재검토되고 있는 이유에는 일하는 방식이 다양화해진 것, 일하는 방식을 선택할 수 있게 된 것을 배경으로 프리랜서 특유의 일하는 방식이 매력적이라는 것을 들 수 있다.

특히 아래의 5가지가 프리랜서의 최대 매력이 되고 있다. 먼저 일할 기회의 증가. 인터넷상에서의 프리랜서와 기업의 중개업자인 클라우드 소싱이나 인터넷상에서 자금을 모으는 클라우드 펀딩 등 프리랜서가 일하기 위한 서비스가 충실해진 것을 들 수 있다. 다음으로 시간에 얽매이지 않는 일하는 방식이라는 점. 프리랜서의 대부분은 회사에서 근무하는 것과는 달리 시간을 자유롭게 짜맞추는 것이 가능. 세 번째는 나이에 관계없이 일할 수 있는 점. 프리랜서는 주로 기술이나 기능, 영업력 등이 중시되는 업계이기도 하기 때문에 나이에 관계없이 고령이라도 일할 수 있다. 네 번째는 인간관계의 스트레스를 경감할 수 있는 점. 보통 회사에서의 인간관계에 의한 스트레스에도 고민할 일이 거의 없다. 마지막으로 수입 향상을 기대할 수 있는 점. 프리랜서는 자신의 노력에 따라 수입 향상을 예상하는 것이 가능하다.

그런데 나는 프리랜서로서 일을 하는 사람이 이만큼 늘어난 배경으로 종신고용의 붕괴가 있다고 생각한다. 쇼와 시대에는 한 회사에 근무하다가 그대로 정년까지 쭉 일하는 근무 방식이 당연했지만, 지금은 언제 해고될지도 모르는 데다가 애초부터 고용이 정사원이 아닌 사람도 많이 있다. 이처럼 불안정한 일을 떠받치기 위해서 부업을 하거나 보다 환경이 좋은 일을 찾는 사람이 늘어나는 것은 ②자연스러운 흐름이라고 할 수 있다. 본업에 더해 수입이 없으면 부족하다는 사람도 많을 것이다.

현재 프리랜서는 증가 경향에 있지만, 이대로 계속 늘어나면 포화 상태가 되어 일이 없어지는 것은 아니냐는 걱정도 있다. 그러나 프리랜서와의 계약을 맺고 있는 기업은 아직도 극소수. 비용 절감이나 좋은 인재 확보를 위해서 앞으로 클라우드 소싱 등에 참가하는 기업 수도 기대되며, 프리랜서 인구, 프리랜서라는 일하는 방식은 앞으로도 계속 증가할 것으로 예상된다.

(注)클라우드 소싱: 온라인상에서 불특정 다수의 사람에게 업무를 위탁하는 새로운 고용 형태

| 어휘 | フリーランス 프리랜서 =「フリーランサー」
特定(とくてい) 특정 組織(そしき) 조직
帰属(きぞく) 귀속 ～ことなく ~하지 않고
自(みずか)ら 스스로 取(と)り交(か)わす 주고받다
働(はたら)き方(かた) 일하는 방식 指(さ)す 가리키다
～とも言(い)われる ~라고도 불리다 労働(ろうどう) 노동
つまり 즉 ほど 정도 普遍的(ふへんてき) 보편적
認知(にんち) 인지 동사의 ます형+始(はじ)める ~하기 시작하다
突破(とっぱ) 돌파 とはいっても 그렇다고 해도
全(すべ)て 모두 本業(ほんぎょう) 본업
～わけではない ~인 것은 아니다 あくまで 어디까지나
副業(ふくぎょう) 부업 含(ふく)める 포함시키다
人数(にんずう) 인원수 割合(わりあい) 비율
少(すく)なめ 좀 적음 職種(しょくしゅ) 직종
士業(しぎょう) (변호사·공인 회계사·변리사 등과 같이) 사(士)가 붙는 직업 生業(せいぎょう) 생업 普及(ふきゅう) 보급
見直(みなお)す 재검토하다 多様化(たようか) 다양화
背景(はいけい) 배경 特有(とくゆう) 특유
挙(あ)げる (예로서) 들다 ～上(じょう) ~상
仲介(ちゅうかい) 중개 資金(しきん) 자금 募(つの)る 모으다
充実(じゅうじつ) 충실 縛(しば)る 얽매다, 구속하다
명사+勤(づと)め ~에서 근무함
組(く)み合(あ)わせる 짜맞추다, 조합하다
～目(め) ~째 *순서를 나타낼 때 붙이는 말 主(おも)に 주로
重視(じゅうし) 중시 軽減(けいげん) 경감 悩(なや)む 고민하다
見込(みこ)む 기대하다, 예상하다 努力(どりょく) 노력
명사+次第(しだい) ~에 따라 ところが 그런데
これだけ 이만큼 終身雇用(しゅうしんこよう) 종신고용
崩壊(ほうかい) 붕괴 勤(つと)める 근무하다
定年(ていねん) 정년 やり方(かた) 하는 방식
クビになる 해고되다 ～上(うえ)に ~한 데다가
そもそも 애초 支(ささ)える 떠받치다 探(さが)す 찾다
流(なが)れ 흐름 加(くわ)える 더하다 足(た)りない 부족하다
동사의 ます형+続(つづ)ける 계속 ~하다 飽和(ほうわ) 포화
懸念(けねん) 걱정, 근심 結(むす)ぶ 맺다
一握(ひとにぎ)り 극소수 削減(さくげん) 삭감
人材(じんざい) 인재 確保(かくほ) 확보
参入(さんにゅう) 참가함 伸(の)びる 증가하다
不特定(ふとくてい) 불특성 委託(いたく) 위탁

**71** ①미국 등에서는 이미 보편적인 일하는 방식이라고 쓰여 있는데, 그렇게 말할 수 있는 근거는 무엇인가?

**1 미국에서는 프리랜서로서 일하는 사람의 비율이 전체 노동 인구의 약 30% 정도를 차지하고 있는 것**
2 미국에서는 특정 기업과 계약을 맺을 때 프리랜서가 직접 계약을 맺게 되어 있는 것
3 미국에서는 학교를 졸업하면 프리랜서로서 일하는 것이 당연시되고 있는 것
4 미국에서는 일하는 방식이 다양화되고 있고 게다가 일하는 방식을 선택할 수 있게 되고 있는 것
| 어휘 | 多様化(たようか) 다양화 その上(うえ) 게다가

**72** ②자연스러운 흐름이라고 할 수 있다라고 쓰여 있는데, 왜 그렇게 말할 수 있는 것인가?

1 미국에서 프리랜서 인구가 늘어나고 있기 때문에
2 일본 국내에서 프리랜서 인구가 늘어나고 있기 때문에
**3 고용 정세의 불안정에 따른 불안감이 늘어나고 있기 때문에**
4 안정된 직업을 단념하는 사람이 늘어나고 있기 때문에
| 어휘 | 情勢(じょうせい) 정세 あきら(諦)める 단념하다

**73** 이 글의 내용과 맞는 것은 무엇인가?

1 이미 일본 인구의 약 30%에 가까운 사람이 프리랜서로서 일하고 있다.
**2 미국에서는 프리랜서라는 일하는 방식은 완전히 뿌리내렸다고 할 수 있다.**
3 프리랜서라는 일하는 방식은 고령자에게는 적합하지 않은 것 같다.
4 일본 기업의 대부분은 프리랜서와 정식으로 계약을 맺고 고용하고 있다.
| 어휘 | すっかり 완전히 根付(ねづ)く 뿌리내리다
向(む)く 적합하다

## 問題 14

**74** 5월에 이 온천에 들어가고 싶은 사람은 어떻게 하면 되는 것인가?

1 6일 오전 1시에 온천에 간다.
2 13일 오전 1시에 온천에 간다.
**3 19일 오후 2시에 온천에 간다.**
4 27일 오후 11시에 온천에 간다.
| 어휘 | 入(はい)る 들어가다

**75** 이 글의 내용과 맞지 않는 것은 어느 것인가?

1 이 호텔은 5월에 공사를 실시할 예정이다.
2 공사 기간 중에는 대욕장의 이용 시간이 변경된다.
3 온천의 오전 중의 이용은 평소와 다르지 않다.
**4 공사 기간 중에는 최종 입관 시간이 변경된다.**
| 어휘 | 実施(じっし) 실시 大浴場(だいよくじょう) 대욕장
普段(ふだん) 평소 最終(さいしゅう) 최종
入館(にゅうかん) 입관

**74-75**

여러분

**시설 내 개수공사 알림**

오늘은 ABC온천 다이이치호텔을 이용해 주셔서 대단히 감사합니다.

저희 호텔에서는 하기의 일정으로 1층 대욕장 노천탕의 정원 개수 공사를 실시합니다.

또한 공사에 따라 대욕장의 이용 시간을 변경하겠습니다.

고객님께는 매우 불편을 끼쳐 드립니다만, 아무쪼록 이해와 협력을 해 주시기를 부탁드립니다.

**【공사 기간】**

2019년 5월 1일(수) ~ 5월 말일(예정)

**【공사 기간의 대욕장 이용 시간】**

04:00~09:00까지 및 17:00~24:00까지 이용 가능

*5월 5일(일), 12일(일), 19일(일), 26일(일)은 13:00부터 이용하실 수 있습니다.
(04:00~09:00는 평소와 다름없이 이용하실 수 있습니다.)

*당일치기 입욕도 상기 시간 내(오후부터)로 변경하겠습니다. 최종은 평소와 다름없이 22:00까지의 입관이 되겠습니다.

아무쪼록 양해해 주시기를 부탁드립니다.

ABC온천 다이이치호텔
총지배인

| 어휘 | 各位(かくい) 각위, 여러분 施設(しせつ) 시설
改修(かいしゅう) 개수 知(し)らせ 알림, 통지, 공지
本日(ほんじつ) 금일, 오늘 下記(かき) 하기, 아래에 적은 것
露天風呂(ろてんぶろ) 노천탕 庭園(ていえん) 정원
～に伴(ともな)い ～에 따라, ～에 수반하여
迷惑(めいわく)をかける 폐를[불편을] 끼치다
何卒(なにとぞ) 부디, 아무쪼록 協力(きょうりょく) 협력
賜(たまわ)る 주시다 末日(まつじつ) 말일
通常(つうじょう) 통상, 보통 ～通(どお)り ～대로
日帰(ひがえ)り 당일치기 入浴(にゅうよく) 입욕, 목욕
了承(りょうしょう) 양해 総支配人(そうしはいにん) 총지배인

## 청해

### 問題 1-1番 01

男の学生と女の学生が話しています。女の学生はこの後何をしますか。

남학생과 여학생이 이야기하고 있습니다. 여학생은 이후에 무엇을 합니까?

男 あれ、美波ちゃん、久しぶり。どうしたの、最近見かけないね。
女 ちょっと具合が悪くて…。
男 具合が悪い? 風邪でもひいちゃったの?
女 うん、せきが止まらなくて大変だったの。
男 あ、そう…。薬は?
女 いや、なるべく薬は飲まない方がいいかなって思って。
男 ダメだよ、最近インフルエンザ流行ってるでしょ。早く病院行った方が絶対いいって。
女 いや、もうだいぶよくなったし、行かなくてもいいって。
男 ふん…、でもやっぱり薬ぐらいは飲んどいた方がいいんじゃないかな。
女 大丈夫だってば。それより悪いけどノート貸してくれない? ランチごちそうするから。
男 うん、わかった。はい、これ。
女 じゃ、これコピーさせてもらってもいい?
男 いいよ。
女 ありがとう、ちょっと待っててね。

남 어, 미나미, 오랜만이야. 무슨 일 있어? 요즘 못 봤네.
여 좀 컨디션이 안 좋아서….
남 컨디션이 안 좋아? 감기라도 걸린 거야?
여 응, 기침이 멎지 않아서 힘들었어.
남 아, 그래…. 약은?
여 아니, 되도록 약은 먹지 않는 편이 좋지 않을까 싶어서.
남 안 돼. 요즘 인플루엔자 유행하고 있잖아. 빨리 병원 가는 편이 절대로 좋다니까.
여 아니, 이제 많이 좋아졌으니, 가지 않아도 괜찮다니까.
남 음…, 그래도 역시 약 정도는 먹어 두는 편이 좋지 않을까?
여 괜찮다니까. 그것보다 미안하지만 노트 빌려 주지 않을래? 점심 대접할 테니까.
남 응, 알았어. 자, 여기.
여 그럼, 이거 복사해도 돼?
남 좋아.
여 고마워, 잠깐 기다리고 있어.

| 어휘 | 見(み)かける (가끔) 만나다, 보다
具合(ぐあい) (건강) 상태 風邪(かぜ) 감기
ひ(引)く (감기에) 걸리다 せき(咳) 기침 止(と)まる 멎다
大変(たいへん) 힘듦 なるべく 되도록 流行(はや)る 유행하다
だいぶ 상당히, 꽤 ～とく ～해 두다 *「～ておく」의 준말
～ってば ～라니까 *문장 끝에 붙어서 몹시 안타까운 마음을 강조해서 말하는 데 쓰임 貸(か)す 빌려 주다 ごちそうする 대접하다

女の学生はこの後何をしますか。

1 病院へ行く。
2 薬屋へ行く。
3 昼ごはんを食べに行く。
4 **コピーしに行く。**

여학생은 이후에 무엇을 합니까?

1 병원에 간다.
2 약국에 간다.
3 점심을 먹으러 간다.
4 **복사하러 간다.**

| 어휘 | 薬屋(くすりや) 약국
동사의 ます형+に ～하러 *동작의 목적 コピー 복사

### 問題 1-2番 02

男の学生と女の学生が話しています。女の学生は明日試験をいくつ受けなければなりませんか。

남학생과 여학생이 이야기하고 있습니다. 여학생은 내일 시험을 몇 개 봐야 합니까?

男 明日から期末試験だね。
女 そうよね、私どうしよう。全然勉強してないけど…。
男 僕もだよ、バイトが忙しくてさ…。それに初日から三つもある。
女 へえ、三つもあるの? それは大変ね。私は初日は英語だけ。
男 一つだけ? いいなあ…。あれ? ちょっと待って。君、確か経済学入門、とってたんじゃない?
女 うん、でも何でそれがわかるの?
男 林から聞いたよ。

女　林君から？

男　うん、林が君と一緒にとってるけど、君がいつも難しい、難しいってうるさいと言ってたから。

女　あ、そう。でも経済学入門はあさってよ。

男　え？林が経済学入門は明日に変更になったって言ってたよ。それで初日から三つもあって大変だって。

女　え!?そんなはずないよ！

男　いや、僕も掲示板で見たんだよ、それ。早く掲示板見てよ。

女　あれ、私どうしよう！

남　내일부터 기말시험이네.

여　그러네, 나 어떻게 하지. 전혀 공부 안 했는데….

남　나도야. 아르바이트가 바빠서 말이야… 게다가 첫날부터 세 개나 있어.

여　허, 세 개나 있어? 그거 힘들겠네. 나는 첫날은 영어뿐이야.

남　한 개뿐이야? 좋겠다…. 어? 잠깐 기다려. 너 아마 경제학 입문 수강하고 있지 않았어?

여　응, 그런데 어째서 그걸 알아?

남　하야시한테 들었어.

여　하야시 군한테서?

남　응, 하야시가 너와 함께 수강하고 있는데, 네가 항상 어려워, 어려워 라고 해서 시끄럽다고 했으니까.

여　아, 그래? 하지만 경제학 입문은 내일 모레야.

남　뭐? 하야시가 경제학 입문은 내일로 변경되었다고 했어. 그래서 첫날부터 세 개나 있어서 힘들다고.

여　뭐!? 그럴 리 없어!

남　아니, 나도 게시판에서 봤어, 그거. 빨리 게시판 봐.

여　어머, 나 어떻게 해!

| 어휘 | 試験(しけん)を受(う)ける 시험을 보다
期末(きまつ) 기말　初日(しょにち) 첫날　大変(たいへん) 힘듦
確(たし)か 아마, 틀림없이　入門(にゅうもん) 입문
と(取)る 수강하다　何(なん)で 어째서　変更(へんこう) 변경
〜はず(が)ない 〜할 리(가) 없다　掲示板(けいじばん) 게시판

女(おんな)の学生(がくせい)は明日(あした)試験(しけん)をいくつ受(う)けなければなりませんか。

1　一(ひと)つ
2　二(ふた)つ
3　三(みっ)つ
4　四(よっ)つ

---

여학생은 내일 시험을 몇 개 봐야 합니까?
1　한 개
**2　두 개**
3　세 개
4　네 개

### 問題 1-3番　🎧 03

男(おとこ)の人(ひと)と女(おんな)の人(ひと)が話(はな)しています。この二人(ふたり)はこれからどうしますか。

남자와 여자가 이야기하고 있습니다. 이 두 사람은 지금부터 어떻게 합니까?

女　あ、木村君(きむらくん)、さっき高橋君(たかはしくん)から電話(でんわ)あったけど…。

男　あ、そう、何(なん)だって？

女　それが、急用(きゅうよう)ができて30分(さんじゅっぷん)ぐらい遅(おく)れるって言(い)ってた。

男　30分(さんじゅっぷん)も？

女　うん、それで待(ま)ってるって言(い)ったら、それは悪(わる)いから先(さき)に行(い)っててくれって。

男　ふん〜、どうする？

女　木村君(きむらくん)、店(みせ)の場所(ばしょ)知(し)ってたっけ？電話(でんわ)して聞(き)いてみようか。

男　今日(きょう)の店(みせ)って、先月(せんげつ)朱里(じゅり)ちゃんの誕生(たんじょう)パーティーやってたとこだよね。

女　うん、そうだけど…。

男　だったら、知(し)ってるはずさ。あいつも一緒(いっしょ)だったから。

女　あ、そう。じゃ、そうしよう。

여　아, 기무라 군, 조금 전에 다카하시 군한테서 전화 왔었는데….

남　아, 그래? 뭐래?

여　그게 말이야, 급한 볼일이 생겨서 30분 정도 늦는대.

남　30분이나?

여　응, 그래서 기다리고 있겠다고 했더니, 그건 미안하니까 먼저 가 있어 달래.

남　음~, 어떻게 할래?

여　기무라 군, 가게 장소 알고 있던가? 전화해서 물어볼까?

남　오늘 가게는 지난달에 주리의 생일 파티 했던 곳이지?

여　응, 그런데….

남　그렇다면 알고 있을 거야. 걔도 함께였으니까.

여　아, 그래? 그럼, 그렇게 하자.

| 어휘 | さっき 아까, 조금 전　〜って 〜대, 〜래
急用(きゅうよう) 급한 볼일　できる (일이) 생기다

遅(おく)れる (시간에) 늦다, 늦어지다 悪(わる)い 미안하다
先(さき)に 먼저 ～っけ ～던가 *잊었던 일이나 불확실한 일을 상대방에 질문하거나 확인함을 나타냄 聞(き)く 묻다
とこ 곳, 장소 =「ところ」
～はず (아마) ～일 것임 *화자의 주관적 추측

この二人(ふたり)はこれからどうしますか。

1 木村君(きむらくん)より先(さき)に店(みせ)に行(い)く。
2 木村君(きむらくん)に会(あ)ってから一緒(いっしょ)に店(みせ)に行(い)く。
3 木村君(きむらくん)に店(みせ)の場所(ばしょ)を電話(でんわ)で教(おし)えてあげる。
4 木村君(きむらくん)を先(さき)に店(みせ)に行(い)かせる。

이 두 사람은 지금부터 어떻게 합니까?

**1 기무라 군보다 먼저 가게에 간다.**
2 기무라 군을 만나고 나서 함께 가게에 간다.
3 기무라 군에게 가게 장소를 전화로 가르쳐 준다.
4 기무라 군을 먼저 가게에 가게 한다.

### 問題 1-4番 04

男(おとこ)の留学生(りゅうがくせい)と女(おんな)の学生(がくせい)が話(はな)しています。この女(おんな)の学生(がくせい)は男(おとこ)の留学生(りゅうがくせい)に何(なに)をしてあげますか。

남자 유학생과 여학생이 이야기하고 있습니다. 이 여학생은 남자 유학생에게 무엇을 해 줍니까?

**男** 森本(もりもと)さん、おはようございます。
**女** あ、キムさん、おはようございます。
**男** 森本(もりもと)さん、ちょっとお願(ねが)いがありますが…。
**女** お願(ねが)い?
**男** はい、卒論(そつろん)を書(か)いたんですが、ちょっとチェックしてもらえるかなと思(おも)って…。
**女** 卒論(そつろん)ですか。キムさんの専門(せんもん)って経営学(けいえいがく)でしょう。
**男** はい、そうです。経営学(けいえいがく)です。
**女** へ～、無理(むり)、無理(むり)。私経営学(わたしけいえいがく)なんて何(なに)もわからないし…。
**男** いえいえ、内容(ないよう)のチェックじゃなくて日本語(にほんご)のチェックですよ。
**女** 日本語(にほんご)のチェック? あ、日本語(にほんご)の文法(ぶんぽう)とか、漢字(かんじ)や言葉(ことば)のミスみたいなことですか。
**男** はい、そうです。
**女** あ、それくらいならいいかな。で、いつまで?
**男** 締(し)め切(き)りは来週(らいしゅう)の金曜日(きんようび)なので…。
**女** じゃ、今週(こんしゅう)の金曜日(きんようび)に部室(ぶしつ)で渡(わた)します。
**男** ありがとうございます。よろしくお願(ねが)いします。

**남** 모리모토 씨, 안녕하세요.
**여** 아, 김찬경씨, 안녕하세요.
**남** 모리보노 씨, 좀 부탁이 있는데요….
**여** 부탁이요?
**남** 예, 졸업논문을 썼는데, 좀 체크해 줄 수 있을까 해서요….
**여** 졸업논문이요? 김찬경 씨 전공은 경영학이죠?
**남** 예, 맞아요. 경영학이에요.
**여** 흠~, 무리예요, 무리. 저는 경영학은 아무것도 모르고….
**남** 아뇨아뇨, 내용 체크가 아니고 일본어 체크예요.
**여** 일본어 체크요? 아, 일본어 문법이라든가 한자나 단어 실수 같은 거 말이에요?
**남** 예, 맞아요.
**여** 아, 그 정도라면 괜찮으려나. 그래서 언제까지요?
**남** 마감은 다음 주 금요일이라서….
**여** 그럼, 이번 주 금요일에 동아리방에서 줄게요.
**남** 감사합니다. 잘 부탁드려요.

| 어휘 | 卒論(そつろん) 졸업논문 *「卒業論文(そつぎょうろんぶん)」의 준말 専門(せんもん) 전문, 전공 無理(むり) 무리
何(なに)も 아무것도 締(し)め切(き)り 마감
部室(ぶしつ) 동아리방, (学校에서) 클럽활동에 사용되는 방
渡(わた)す 주다, 내주다

この女(おんな)の学生(がくせい)は男(おとこ)の留学生(りゅうがくせい)に何(なに)をしてあげますか。

1 卒論(そつろん)を代(か)わりに書(か)いてあげる。
**2 卒論(そつろん)の日本語(にほんご)をチェックしてあげる。**
3 卒論(そつろん)を代(か)わりに提出(ていしゅつ)してあげる。
4 卒論(そつろん)の内容(ないよう)を訂正(ていせい)してあげる。

이 여학생은 남자 유학생에게 무엇을 해 줍니까?

1 졸업논문을 대신 써 준다.
**2 졸업논문의 일본어를 체크해 준다.**
3 졸업논문을 대신 제출해 준다.
4 졸업논문의 내용을 정정해 준다.

| 어휘 | 代(か)わり 대신 提出(ていしゅつ) 제출
訂正(ていせい) 정정

### 問題 1-5番 05

かいしゃ おとこ ひと おんな ひと はな
会社で男の人と女の人が話しています。女の人は、
なに
まず何をしますか。

회사에서 남자와 여자가 이야기하고 있습니다. 여자는 먼저 무엇을
합니까?

男 田村君、この前頼んだ新商品に関するアンケートのことなんだけど、どうなった?

女 ええ、昨日で回収期限が終わって、今その結果を集計しているところなんです。

男 あ、そう。

女 ところで、ちょっと気になることがありまして…。

男 何?

女 実は、500枚も渡したのに、130枚しか戻ってきてないんですよ。

男 あれ? それだけ? そんなに少ないのかよ…。前回はほとんど戻ってきたのに、どうしてこんなに…。

女 ええ、たぶんアンケートの質問項目が多すぎるからではないかなと思いますが…。

男 あ、今回は質問項目が前回の3倍ぐらいになったよな。やはりいちいち回答書くのが大変だったのかな?

女 そのようですが、じゃ、取り直しましょうか。

男 うん、そうした方がいいかな。でも、その前にまず、質問項目を見直して項目を減らしてくれ。

女 はい、わかりました。では、今の集計作業は取り止めにしましょうか。

男 いや、せっかくとった結果なんだから、それも最後までやってくれ。

女 はい、わかりました。では、その作業が終わり次第、質問項目の検討に取りかかります。

남 다무라 군, 요전에 부탁한 신상품에 관한 앙케트 건 말인데, 어떻게 됐어?

여 네, 어제로 회수 기한이 끝나서 지금 그 결과를 집계하고 있는 중이에요.

남 아, 그래?

여 그런데 좀 걱정이 되는 게 있어서요….

남 뭐?

여 실은 500장이나 줬는데 130장밖에 되돌아오지 않았거든요.

남 어? 그것뿐이야? 그렇게 적은 거야…? 지난번에는 대부분 되돌아왔는데 어째서 이렇게….

여 네, 아마 앙케트의 질문항목이 너무 많아서가 아닐까 생각하는데요….

남 아, 이번에는 질문항목이 지난번의 3배 정도가 됐지. 역시 일일이 회답 쓰는 게 힘들었던 걸까?

여 그런 것 같은데요, 그럼, 다시 할까요?

남 응, 그렇게 하는 편이 좋으려나. 하지만 그 전에 먼저 질문항목을 재검토해서 항목을 줄여 줘.

여 예, 알겠습니다. 그럼, 지금의 집계 작업은 중지할까요?

남 아니, 애써 얻은 결과니까, 그것도 끝까지 해 줘.

여 예, 알겠습니다. 그럼, 그 작업이 끝나는 대로 질문항목 검토에 착수하겠습니다.

| 어휘 | まず 우선, 먼저  この前(まえ) 요전, 지난번
頼(たの)む 부탁하다  回収(かいしゅう) 회수
集計(しゅうけい) 집계  ~ているところだ ~하고 있는 중이다
気(き)になる 마음에 걸리다, 걱정이 되다  実(じつ)は 실은
渡(わた)す (넘겨)주다  ~のに ~는데  ~しか ~밖에
戻(もど)る 되돌아가[오]다  たぶん 아마  項目(こうもく) 항목
い형용사의 어간+すぎる 너무 ~하다  いちいち 일일이, 하나하나
回答(かいとう) 회답  取(と)り直(なお)す 다시 하다
見直(みなお)す 재검토하다  減(へ)らす 줄이다
取(と)り止(や)める (예정했던 일을) 그만두다, 중지하다
せっかく 모처럼, 애써  と(取)る 얻다
동사의 ます형+次第(しだい) ~하는 대로
取(と)りかかる 착수하다

おんな ひと なに
女の人は、まず何をしますか。
けっか しゅうけい さぎょう
1 アンケート結果の集計作業
しつもんこうもく けんとう
2 アンケートの質問項目の検討
と なお
3 アンケートの取り直し
しつもんこうもく さいさくせい
4 アンケートの質問項目の再作成

여자는 먼저 무엇을 합니까?
**1 앙케트 결과의 집계 작업**
2 앙케트의 질문항목 검토
3 앙케트의 재실시
4 앙케트의 질문항목 재작성

## 問題2-1番 🎧06

<ruby>男<rt>おとこ</rt></ruby>の<ruby>人<rt>ひと</rt></ruby>と<ruby>女<rt>おんな</rt></ruby>の<ruby>人<rt>ひと</rt></ruby>が<ruby>寮<rt>りょう</rt></ruby>の<ruby>生活<rt>せいかつ</rt></ruby>について<ruby>話<rt>はな</rt></ruby>しています。<ruby>女<rt>おんな</rt></ruby>の<ruby>人<rt>ひと</rt></ruby>は<ruby>何<rt>なに</rt></ruby>が<ruby>一番<rt>いちばん</rt></ruby><ruby>不便<rt>ふべん</rt></ruby>だと<ruby>言<rt>い</rt></ruby>っていますか。

남자와 여자가 기숙사 생활에 대해서 이야기하고 있습니다. 여자는 무엇이 가장 불편하다고 말하고 있습니까?

**男** <ruby>由美<rt>ゆみ</rt></ruby>ちゃん、<ruby>今<rt>いま</rt></ruby><ruby>大学<rt>だいがく</rt></ruby>の<ruby>寮<rt>りょう</rt></ruby>に<ruby>住<rt>す</rt></ruby>んでるよね?

**女** うん、そうよ。

**男** どう?<ruby>寮<rt>りょう</rt></ruby>の<ruby>生活<rt>せいかつ</rt></ruby>は?

**女** ま、ルームメートがいるから、<ruby>寂<rt>さび</rt></ruby>しくないのはいいけどね。

**男** やっぱり<ruby>一人<rt>ひとり</rt></ruby><ruby>暮<rt>ぐ</rt></ruby>らしだと<ruby>寂<rt>さび</rt></ruby>しいもんね。<ruby>不便<rt>ふべん</rt></ruby>な<ruby>点<rt>てん</rt></ruby>とかは?

**女** <ruby>一番<rt>いちばん</rt></ruby><ruby>不便<rt>ふべん</rt></ruby>なのは、<ruby>部屋<rt>へや</rt></ruby>にトイレがないことかな。いちいち<ruby>部屋<rt>へや</rt></ruby>の<ruby>外<rt>そと</rt></ruby>に<ruby>出<rt>で</rt></ruby>なきゃいけないの。それから<ruby>部屋<rt>へや</rt></ruby>で<ruby>料理<rt>りょうり</rt></ruby>できない<ruby>点<rt>てん</rt></ruby>。<ruby>各階<rt>かくかい</rt></ruby>にキッチンが<ruby>一<rt>ひと</rt></ruby>つあって、<ruby>料理<rt>りょうり</rt></ruby>はそこでしかできないの。

**男** へ〜、そうか。で、<ruby>食<rt>た</rt></ruby>べるのもそのキッチンで?

**女** ううん、<ruby>食<rt>た</rt></ruby>べるのは<ruby>自分<rt>じぶん</rt></ruby>の<ruby>部屋<rt>へや</rt></ruby>でもかまわないよ。あ、そうだ、もっといやなのはシャワー<ruby>室<rt>しつ</rt></ruby>。

**男** あ、それも<ruby>部屋<rt>へや</rt></ruby>の<ruby>外<rt>そと</rt></ruby>にあるから?

**女** それもあるけど、それよりも<ruby>利用<rt>りよう</rt></ruby>できる<ruby>時間<rt>じかん</rt></ruby>が<ruby>決<rt>き</rt></ruby>まってるのよ。

**男** あ、<ruby>決<rt>き</rt></ruby>まった<ruby>時間<rt>じかん</rt></ruby><ruby>以外<rt>いがい</rt></ruby>は<ruby>使<rt>つか</rt></ruby>えないんだ。

**女** うん、それが<ruby>何<rt>なに</rt></ruby>よりもね。それから<ruby>門限<rt>もんげん</rt></ruby>があるのもいやだけど…、でもそれよりはましかな…。

남 유미야, 지금 대학 기숙사에 살고 있지?

여 응, 맞아.

남 어때? 기숙사 생활은?

여 뭐, 룸메이트가 있어서 외롭지 않은 건 좋은데.

남 역시 혼자 살면 외롭지. 불편한 점이라든지는?

여 가장 불편한 건 방에 화장실이 없는 거랄까. 일일이 방 밖으로 나오지 않으면 안 되거든. 그리고 방에서 요리할 수 없는 점. 각 층에 부엌이 하나 있어서 요리는 거기에서밖에 할 수 없거든.

남 허~, 그렇구나. 그래서 먹는 것도 그 부엌에서?

여 아니, 먹는 건 자기 방에서도 상관없어. 아, 맞다, 더 싫은 건 샤워실.

남 아, 그것도 방 밖에 있어서?

여 그것도 있지만, 그것보다도 이용할 수 있는 시간이 정해져 있거든.

남 아, 정해진 시간 이외에는 사용할 수 없구나.

여 응, 그게 무엇보다도 싫어. 그리고 통금이 있는 것도 싫지만…. 하지만 그것보다는 나으려나….

┃어휘┃ 寮(りょう) 기숙사  いちいち 일일이, 하나하나
〜なきゃいけない 〜하지 않으면 안 된다, 〜해야 한다 ＊「〜なければいけない」의 회화체 표현
各階(かくかい) 각 층  かまわない 상관없다  いや(嫌) 싫음
決(き)まる 정해지다, 결정되다  何(なに)よりも 무엇보다도
門限(もんげん) 통금  まし 나음

<ruby>女<rt>おんな</rt></ruby>の<ruby>人<rt>ひと</rt></ruby>は<ruby>何<rt>なに</rt></ruby>が<ruby>一番<rt>いちばん</rt></ruby><ruby>不便<rt>ふべん</rt></ruby>だと<ruby>言<rt>い</rt></ruby>っていますか。
1 <ruby>寮<rt>りょう</rt></ruby>に<ruby>門限<rt>もんげん</rt></ruby>があること
2 トイレが<ruby>部屋<rt>へや</rt></ruby>にないこと
3 シャワー<ruby>室<rt>しつ</rt></ruby>が<ruby>部屋<rt>へや</rt></ruby>にないこと
**4 シャワー<ruby>室<rt>しつ</rt></ruby>に<ruby>時間<rt>じかん</rt></ruby><ruby>制限<rt>せいげん</rt></ruby>があること**

여자는 무엇이 가장 불편하다고 말하고 있습니까?
1 기숙사에 통금이 있는 것
2 화장실이 방에 없는 것
3 샤워실이 방에 없는 것
**4 샤워실에 시간 제한이 있는 것**
┃어휘┃ 制限(せいげん) 제한

## 問題2-2番 🎧07

<ruby>男<rt>おとこ</rt></ruby>の<ruby>人<rt>ひと</rt></ruby>と<ruby>女<rt>おんな</rt></ruby>の<ruby>人<rt>ひと</rt></ruby>が<ruby>話<rt>はな</rt></ruby>しています。<ruby>男<rt>おとこ</rt></ruby>の<ruby>人<rt>ひと</rt></ruby>が<ruby>有料<rt>ゆうりょう</rt></ruby><ruby>自習<rt>じしゅう</rt></ruby><ruby>室<rt>しつ</rt></ruby>を<ruby>利用<rt>りよう</rt></ruby>する<ruby>最<rt>もっと</rt></ruby>も<ruby>大<rt>おお</rt></ruby>きな<ruby>理由<rt>りゆう</rt></ruby>は<ruby>何<rt>なん</rt></ruby>ですか。

남자와 여자가 이야기하고 있습니다. 남자가 유료 독서실을 이용하는 가장 큰 이유는 무엇입니까?

**女** あ、<ruby>新井<rt>あらい</rt></ruby>さん、こんな<ruby>朝<rt>あさ</rt></ruby><ruby>早<rt>はや</rt></ruby>くからどこ<ruby>行<rt>い</rt></ruby>くんですか。

**男** <ruby>有料<rt>ゆうりょう</rt></ruby><ruby>自習<rt>じしゅう</rt></ruby><ruby>室<rt>しつ</rt></ruby>に<ruby>行<rt>い</rt></ruby>くんですよ。

**女** <ruby>有料<rt>ゆうりょう</rt></ruby><ruby>自習<rt>じしゅう</rt></ruby><ruby>室<rt>しつ</rt></ruby>?お<ruby>金<rt>かね</rt></ruby>を<ruby>払<rt>はら</rt></ruby>って<ruby>自習<rt>じしゅう</rt></ruby>するところですか。

**男** ええ、そんな<ruby>感<rt>かん</rt></ruby>じですね。<ruby>小<rt>ちい</rt></ruby>さな<ruby>図書館<rt>としょかん</rt></ruby>のようなところと<ruby>言<rt>い</rt></ruby>えばいいかな…。

**女** へ〜、<ruby>勉強<rt>べんきょう</rt></ruby>なら<ruby>図書館<rt>としょかん</rt></ruby>ですればいいのに…。どのくらい<ruby>払<rt>はら</rt></ruby>うんですか。

**男** <ruby>月<rt>つき</rt></ruby><ruby>8,000<rt>はっせん</rt></ruby><ruby>円<rt>えん</rt></ruby>です。

**女** え、高いですね。

**男** ええ、高いけど椅子や机といった設備が整ってて、勉強するにはすごくいいところなんですよ。それに朝6時から夜24時まで３６５日利用可能だし、お茶やコーヒーも無料で飲めるようになっています。

**女** あ～、それで図書館へ行かないで、そこを利用するんですか。

**男** もちろんそんな理由もありますが、そこって、わざわざお金を払って勉強しに来てるところだから、みんな一生懸命なんですよ。図書館で勉強するより集中できるし、やる気も出るんですよ。

**女** へ～、私も行ってみようかな。図書館と違って夜遅くまで利用できるのがいいですね。

여 아, 아라이 씨, 이렇게 아침 일찍부터 어디 가요?

남 유료 독서실에 가요.

여 유료 독서실이요? 돈을 내고 자습하는 곳이에요?

남 네, 그런 느낌이죠. 작은 도서관 같은 곳이라고 하면 될까….

여 허~, 공부라면 도서관에서 하면 될 텐데…. 얼마나 내는 거예요?

남 월 8,000엔이요.

여 네? 비싸네요.

남 네, 비싸지만 의자랑 책상과 같은 설비가 갖추어져 있어서 공부하기에는 굉장히 좋은 곳이에요. 게다가 아침 6시부터 밤 24시까지 365일 이용 가능하고, 차랑 커피도 무료로 마실 수 있게 되어 있어요.

여 아~, 그래서 도서관에 가지 않고 거기를 이용하는 거예요?

남 물론 그런 이유도 있지만, 거기는 일부러 돈을 내고 공부하러 와 있는 곳이니까 모두 열심이거든요. 도서관에서 공부하는 것보다 집중할 수 있고 의욕도 생겨요.

여 허~, 나도 가 볼까. 도서관과 달리 밤늦게까지 이용할 수 있는 게 좋네요.

| 어휘 | 有料自習室(ゆうりょうじしゅうしつ) 유료 독서실
自習(じしゅう) 자습　小(ちい)さな 작은　~のに ~텐데
~といった ~와 같은　設備(せつび) 설비
整(ととの)う 갖추어지다　わざわざ 일부러
동사의 ます형+に ~하러 *동작의 목적
一生懸命(いっしょうけんめい) 열심히, 열심임
集中(しゅうちゅう) 집중　やる気(き)が出(で)る 의욕이 생기다

男の人が有料自習室を利用する最も大きな理由は何ですか。

1 他の人たちから刺激を受けるから
2 利用料金が手ごろだから
3 設備が整っていて居心地がいいから
4 朝早くから夜遅くまで利用できるから

남자가 유료 독서실을 이용하는 가장 큰 이유는 무엇입니까?

**1 다른 사람들로부터 자극을 받기 때문에**
2 이용 요금이 적당하기 때문에
3 시설이 갖추어져 있어서 편하기 때문에
4 아침 일찍부터 밤 늦게까지 이용할 수 있기 때문에

| 어휘 | 刺激(しげき) 자극
手(て)ごろ (자기 능력·조건에) 적당함
居心地(いごこち) 어떤 자리·집에서 느끼는 기분

### 問題 2-3番 08

男の人と女の人が話しています。男の人はどうしてバスに乗らず、電車で行くことにしましたか。

남자와 여자가 이야기하고 있습니다. 남자는 어째서 버스를 타지 않고 전철로 가기로 했습니까?

**男** あ、香ちゃん。あさっての見学のことなんだけど…。

**女** あ、ビール工場の見学のことよね。集合時間は8時だから遅れないようにね。

**男** あ、それより工場までは何で行く?

**女** マイクロバスを借りたよ、20人乗りの。

**男** あ、やっぱりバスか…。

**女** え? どうしたの? バスじゃダメなの?

**男** ま、ダメっていうか、僕乗り物酔いがひどくてさ…。

**女** あれ…、そうなの? 全然そう見えないのに…。

**男** 近い距離なら何とかなるけど、今度見学する工場ってここからバスで1時間以上かかると聞いたけど…。

**女** うん、バスで約1時間半ぐらいかかるんだって。

**男** あ、それじゃやっぱり無理だな…。じゃ、電車で一人で行ってもいい?

**女** 別にいいけど、電車は大丈夫なの?

**男** うん、電車なら何時間乗ってても平気。

**女** あ、そう、じゃ、見学時間は10時からだから、遅れないようにね。

남 아, 가오리. 내일 모레의 견학 말인데….
여 아, 맥주 공장 견학 말이지? 집합 시간은 8시니까 늦지 않도록 해.
남 아, 그것보다 공장까지 뭘로 가?
여 소형 버스를 빌렸어, 20인승짜리.
남 아, 역시 버스인가….
여 어? 왜 그래? 버스면 안 돼?
남 뭐, 안 된다고 해야 하나, 나 멀미가 심해서 말이야….
여 어머…, 그래? 전혀 그렇게 보이지 않는데….
남 가까운 거리라면 어떻게든 되겠지만, 이번에 견학하는 공장은 여기에서 버스로 1시간 이상 걸린다고 들었는데….
여 응, 버스로 약 1시간 반 정도 걸린대.
남 아, 그러면 역시 무리야…. 그럼, 전철로 혼자서 가도 돼?
여 별로 상관없지만 전철은 괜찮은 거야?
남 응, 전철이라면 몇 시간 타고 있어도 끄떡없어.
여 아, 그래? 그럼, 견학 시간은 10시부터니까 늦지 않도록 해.

| 어휘 | 見学(けんがく) 견학　集合(しゅうごう) 집합
借(か)りる 빌리다　～乗(の)り (인원수를 나타내는 말에 붙어) ~승
乗(の)り物酔(ものよ)い 멀미　距離(きょり) 거리
何(なん)とか 어떻게든　かかる (시간이) 걸리다
平気(へいき) 끄떡없음

男の人はどうしてバスに乗らず、電車で行くことにしましたか。

1 バスより、電車の方が好きだから
**2 バス酔いを起こしてしまうから**
3 見学の日、早起きしなくてもいいから
4 遠いところへ行くには、電車の方が便利だから

남자는 어째서 버스를 타지 않고 전철로 가기로 했습니까?
1 버스보다 전철 쪽을 좋아하기 때문에
**2 버스 멀미를 일으켜 버리기 때문에**
3 견학 날, 일찍 일어나지 않아도 되기 때문에
4 먼 곳에 가려면 전철 쪽이 편리하기 때문에
| 어휘 | バス酔(よ)い 버스 멀미　早起(はやお)き 일찍 일어남

### 問題 2-4番 09

男の人と女の人が話しています。男の人は、なぜ昨日の飲み会に来ませんでしたか。

남자와 여자가 이야기하고 있습니다. 남자는 왜 어제 술자리에 오지 않았습니까?

女 ねえ、田村君、昨日の飲み会、何で来なかったの?
男 あ、絵里奈先輩。ごめんなさい。
女 何か用事でもできたの?
男 いえ、田舎から両親が来たんで。
女 あ、そう? どうしたの? 何かあるの?
男 実は、最近父の体調があまりよくなくて、総合病院で検査を受けに来たんですよ。母がついてはいるんですが、やはり母一人で世話するのは大変なんで…。
女 あ、そう。で、大丈夫だったの?
男 検査の結果はあさって出るんで、それはまだ…。

여 있잖아, 다무라 군, 어제 술자리 왜 오지 않았어?
남 아, 에리나 선배님. 죄송합니다.
여 무슨 볼일이라도 생겼어?
남 아뇨, 시골에서 부모님이 와서요.
여 아, 그래? 왜? 무슨 일 있어?
남 실은 요즘 아버지의 몸 상태가 별로 좋지 않아서 종합병원에서 검사를 받으러 왔거든요. 어머니가 붙어 있기는 하지만, 역시 어머니 혼자서 돌보는 건 힘들기 때문에….
여 아, 그래? 그래서 괜찮았어?
남 검사 결과는 내일 모레 나오기 때문에 그건 아직….

| 어휘 | 何(なん)で 어째서, 무슨 이유로, 왜
何(なん)か 무언가, 무엇인가　用事(ようじ) 볼일
できる (일이) 생기다　体調(たいちょう) 몸 상태, 컨디션
総合(そうごう) 종합　つく 붙다　世話(せわ) 돌봄
出(で)る (결과가) 나오다

男の人は、なぜ昨日の飲み会に来ませんでしたか。

1 他の飲み会に行ったから
2 病院で検査を受けたから
**3 父の看病をしていたから**
4 母の看病をしていたから

남자는 왜 어제 술자리에 오지 않았습니까?
1 다른 술자리에 갔기 때문에
2 병원에서 검사를 받았기 때문에
**3 아버지의 간병을 하고 있었기 때문에**
4 어머니의 간병을 하고 있었기 때문에
| 어휘 | 他(ほか)の～ 다른～　看病(かんびょう) 간병

## 問題 2-5番 🎧10

男の人と女の人が話しています。女の人が機械の説明書について、一番不満なのは何ですか。

남자와 여자가 이야기하고 있습니다. 여자가 기계 설명서에 대해서 가장 불만인 것은 무엇입니까?

**女** 竹内君、悪いけど、この機械の使い方教えてくれない?

**男** あ、それはね、まずこのボタンを押して、こうすればいいんだよ。

**女** あ、そうか、まずこのボタンを押してからよね、ありがとう。でも機械の説明書って何でこんなに複雑でわかりにくいんだろう。

**男** ま、確かにそうだよね。文字は小さいし…。

**女** それに専門用語か何かちょっとわからないけど、カタカナの言葉もすごく多くて何言ってるのか全然わからないの。私みたいな人のためにもわかりやすい言葉で説明できないのかな…。

**男** そうだよな、機械に詳しくない女性のためにも、もっと工夫してもらいたいね。

**女** そうよ、それにこの機械ってけっこう高かったでしょ?

**男** うん、確か10万円ぐらいしたよね。

**女** せっかくこんな高価な機械を買ったのに、やり方を知らなくて使えないなんて…。

**男** ま、いつでもいいから、僕に気軽に聞いてよ。

**女** ありがとう。

여 다케우치 군, 미안한데, 이 기계 사용법 가르쳐 주지 않을래?
남 아, 그건 말이야, 먼저 이 버튼을 누르고 이렇게 하면 되는 거야.
여 아, 그래? 먼저 이 버튼을 누르고 나서구나, 고마워. 하지만 기계 설명서는 왜 이렇게 복잡하고 알기 어려운 걸까?
남 뭐, 확실히 그렇지. 글자는 작고….
여 게다가 전문용어인가 뭔가 좀 이해하기 어려운데, 가타카나로 된 단어도 굉장히 많아서 뭘 말하고 있는 건지 전혀 모르겠어. 나 같은 사람을 위해서라도 알기 쉬운 말로 설명할 수 없는 건가….
남 그러네, 기계에 대해 잘 모르는 여성을 위해서도 더 궁리해 주었으면 좋겠네.
여 맞아, 더욱이 이 기계는 제법 비쌌지?
남 응, 아마 10만 엔 정도 했지.
여 기껏 이런 고가인 기계를 샀는데 방법을 몰라서 사용할 수 없다니….
남 뭐, 언제라도 괜찮으니까 나한테 부담없이 물어.
여 고마워.

| 어휘 | 不満(ふまん) 불만 悪(わる)い 미안하다
機械(きかい) 기계 使(つか)い方(かた) 사용법 押(お)す 누르다
複雑(ふくざつ) 복잡 確(たし)かに 확실히, 분명히
文字(もじ) 글자, 문자
～に詳(くわ)しい ～에 대해 잘 알고 있다, ～에 정통하다
工夫(くふう) 궁리, 고안 けっこう(結構) 제법, 꽤
確(たし)か 아마, 틀림없이 高価(こうか) 고가, 값이 비쌈
～なんて ～하다니 気軽(きがる) 부담없음 聞(き)く 묻다

女の人が機械の説明書について、一番不満なのは何ですか。

1 説明書に初めて見る外来語が多いこと
2 説明書の文字が小さすぎてよく見えないこと
**3 説明書に使われている用語が難しいこと**
4 説明書について聞きたくても教えてくれる人がいないこと

여자가 기계 설명서에 대해서 가장 불만인 것은 무엇입니까?
1 설명서에 처음 보는 외래어가 많은 것
2 설명서의 글자가 너무 작아서 잘 보이지 않는 것
**3 설명서에 사용된 용어가 어려운 것**
4 설명서에 대해서 묻고 싶어도 가르쳐 줄 사람이 없는 것
| 어휘 | 初(はじ)めて 처음 外来語(がいらいご) 외래어

## 問題 2-6番 🎧11

男の人と女の人が電話で話しています。「AZ3」の出荷が遅れるのはどうしてですか。

남자와 여자가 전화로 이야기하고 있습니다. 'AZ3'의 출하가 늦어지는 것은 어째서입니까?

(電話の音)

**女** はい、日本工業でございます。

**男** もしもし、いつもお世話になっております。東京電機の山田ですが…。

**女** あ、山田さん、いつもお世話になっております。どうしましたか。

男 誠に申し訳ございませんが、実は、ご注文いただきました「AZ3」の出荷が遅れることになりましたので、お電話差し上げました。

女 あれ? またですか。

男 本当に申し訳ございません。この前は弊社内の手違いによって、資材調達に遅れが生じたのが原因でしたが、今度は下請け会社から納品された商品に多数の不良品が含まれていることがわかりましたので…。

女 あら、そうなんですか。

男 本当に、本当に申し訳ございません。今週の木曜日までには絶対納品できると思います。ご不便をおかけし、大変申し訳ございません。

(전화 소리)

여 예, 니혼공업입니다.

남 여보세요, 늘 신세를 지고 있습니다. 도쿄전기의 야마다인데요….

여 아, 야마다 씨, 늘 신세를 지고 있습니다. 무슨 일이시죠?

남 대단히 죄송합니다만, 실은 주문하신 'AZ3'의 출하가 늦어지게 되어서 전화 드렸습니다.

여 어머? 또요?

남 정말로 죄송합니다. 일전에는 저희 회사 내의 착오에 의해 자재 조달에 지연이 발생한 것이 원인이었지만, 이번에는 하청회사로부터 납품받은 상품에 다수의 불량품이 포함되어 있는 것을 알았기 때문에….

여 어머, 그래요?

남 정말로, 정말로 죄송합니다. 이번 주 목요일까지는 꼭 납품할 수 있으리라 생각합니다. 불편을 끼쳐 드려 대단히 죄송합니다.

| 어휘 | 工業(こうぎょう) 공업 注文(ちゅうもん) 주문 出荷(しゅっか) 출하 遅(おく)れる (시간에) 늦다, 늦어지다 差(さ)し上(あ)げる 드리다 弊社(へいしゃ) 폐사 *자기 회사의 낮춤말 手違(てちが)い 착오 資材(しざい) 자재 調達(ちょうたつ) 조달 遅(おく)れ 늦음, 지연 生(しょう)じる 발생하다 下請(したう)け会社(がいしゃ) 하청회사 納品(のうひん) 납품 不良品(ふりょうひん) 불량품 含(ふく)む 포함하다 不便(ふべん)をかける 불편을 끼치다

「AZ3」の出荷が遅れるのはどうしてですか。

1 東京電機の間違いで資材調達に遅れが出たから
2 日本工業の間違いで資材調達に遅れが出たから
**3 東京電機の下請け会社から納品された商品に問題があったから**
4 日本工業の下請け会社から納品された商品に問題があったから

'AZ3'의 출하가 늦어지는 것은 어째서입니까?

1 도쿄전기의 실수로 자재 조달에 지연이 발생했기 때문에
2 니혼공업의 실수로 자재 조달에 지연이 발생했기 때문에
**3 도쿄전기의 하청회사로부터 납품받은 상품에 문제가 있었기 때문에**
4 니혼공업의 하청회사로부터 납품받은 상품에 문제가 있었기 때문에

| 어휘 | 間違(まちが)い 잘못, 실수

## 問題 3-1番 12

男の人が話しています。

남자가 이야기하고 있습니다.

男 どうしても勉強に集中できない時、みなさんはどう対処していますか。私は、まずやる気を持つことだと思います。やはりやる気がないと集中力は当然下がります。やる気がない時でも、とりあえず机に向かって座ったら、やる気は必ず上がると思います。他にも静かなところで勉強するとか、環境をよくすることなどもあります。例えば、暑くて勉強できないなら、解決方法はクーラーや扇風機をつけることです。また部屋の中にスマホや漫画、ゲームなどがあるのも集中力低下につながります。解決方法としては、図書館や自習室に行くことなどが挙げられます。まず、自分がなぜ集中できないかを考えて、その解決方法を考えることから始めた方がいいですね。集中できない原因からなくしていきましょう。

남 도저히 공부에 집중할 수 없을 때 여러분은 어떻게 대처하고 있습니까? 저는 먼저 의욕을 가져야 한다고 생각합니다. 역시 의욕이 없으면 집중력은 당연히 떨어집니다. 의욕이 없는 때라도 우선 책상 앞에 앉으면 의욕은 반드시 오를 것이라고 생각합니다. 그 밖에도 조용한 곳에서 공부한다든가 환경을 좋게 하는 것 등도 있습니다. 예를 들면 더워서 공부할 수 없으면 해결 방법은 냉방기나 선풍기를 다는 것입니다. 또 방 안에 스마트폰이나 만화, 게임 등이 있는 것도 집중력 저하로 이어집니다. 해결 방법으로는 도서관이나 독서실에 가는 것 등을 들 수 있습니다. 먼저 자신이 왜 집중할 수 없는지를 생각하고, 그 해결 방법을 생각하는 것부터 시작하는 편이 좋겠지요. 집중할 수 없는 원인부터 없애 나갑시다.

| 어휘 | どうしても 아무리 해도, 도저히
集中(しゅうちゅう) 집중　対処(たいしょ) 대처　やる気(き) 의욕
下(さ)がる (기능 등이) 떨어지다
机(つくえ)に向(む)かう 책상 앞에 앉다
上(あ)がる (기세가) 오르다　扇風機(せんぷうき) 선풍기
つける 달다　スマホ 스마트폰 *『スマートホン』의 준말
低下(ていか) 저하　つな(繋)がる 이어지다, 연결되다
挙(あ)げる (예로서) 들다　始(はじ)める 시작하다
な(無)くす 없애다

この人は何について話していますか。
1　やる気を起こすための工夫
2　机に向かって座るための工夫
3　集中力を向上させるための工夫
4　集中力を持続させるための工夫

이 사람은 무엇에 대해서 이야기하고 있습니까?
1 의욕을 일으키기 위한 고안
2 책상 앞에 앉기 위한 고안
**3 집중력을 향상시키기 위한 고안**
4 집중력을 지속시키기 위한 고안

| 어휘 | 起(お)こす 일으키다　工夫(くふう) 궁리, 고안
向上(こうじょう) 향상　持続(じぞく) 지속

### 問題 3-2番　🎧 13

アナウンスを聞いてください。

방송을 들어 주세요.

| 女 | いつもにこにこ温泉健康プラザをご利用いただき、誠にありがとうございます。当プラザは、平成31年8月5日(月曜日)から8日(木曜日)及び19日(月曜日)・20日(火曜日)は、施設整備のため休館します。なお、11月6日・20日(火曜日)は通常の休館日(毎週火曜日)です。皆様方には大変ご迷惑をおかけいたしますが、どうぞご了承ください。

| 여 | 항상 니코니코 온천건강 플라자를 이용해 주셔서 대단히 감사합니다. 저희 플라자는 헤이세이 31년 8월 5일(월요일)부터 8일(목요일) 및 19일(월요일)·20일(화요일)은 시설 정비를 위해 휴관합니다. 덧붙여 11월 6일·20일(화요일)은 통상 휴관일(매주 화요일)입니다. 여러분들께는 대단히 불편을 끼쳐 드립니다만, 부디 양해해 주십시오.

| 어휘 | アナウンス 방송　当(とう)~ 당~, 이~
施設(しせつ) 시설　整備(せいび) 정비　休館(きゅうかん) 휴관
通常(つうじょう) 통상
迷惑(めいわく)をかける 폐를[불편을] 끼치다

ご+한자 명사+ください　~해 주십시오　*존경표현
了承(りょうしょう) 양해

アナウンスの主(おも)な内容(ないよう)は何(なん)ですか。
1　にこにこ温泉健康プラザの利用方法(りようほうほう)
2　にこにこ温泉健康プラザの利用料金(りようりょうきん)
3　にこにこ温泉健康プラザの施設紹介(しせつしょうかい)
**4　にこにこ温泉健康プラザの休(やす)み**

방송의 주된 내용은 무엇입니까?
1 니코니코 온천건강 플라자의 이용 방법
2 니코니코 온천건강 플라자의 이용 요금
3 니코니코 온천건강 플라자의 시설 소개
**4 니코니코 온천건강 플라자의 휴일**

| 어휘 | 主(おも) 주됨

### 問題 3-3番　🎧 14

留守番電話(るすばんでんわ)の伝言(でんごん)メッセージを聞(き)いてください。

자동 응답 전화의 전언 메시지를 들어 주세요.

| 男 | あ、もしもし、店長。本日17時からのシフトに入っているアルバイトの田口です。シフトの予定を勘違いしていたことにたった今気が付きました。今出先なんですが、すぐに向かいます。大変申し訳ありません。20分ほど遅刻しそうです。よろしくお願いいたします。

| 남 | 아, 여보세요. 점장님. 오늘 17시부터의 교대근무 시간에 들어 있는 아르바이트 다구치입니다. 교대근무 시간 예정을 착각하고 있었음을 지금 막 알았습니다. 지금 외출 중인데요, 바로 가겠습니다. 대단히 죄송합니다. 20분 정도 지각할 것 같습니다. 잘 부탁드립니다.

| 어휘 | 留守番電話(るすばんでんわ) 자동 응답 전화
伝言(でんごん) 전언　本日(ほんじつ) 금일, 오늘
シフト 교대근무제, 교대근무 시간　入(はい)る 들다
勘違(かんちが)い 착각　たった今(いま) 지금 막
気(き)が付(つ)く 깨닫다, 알아차리다
出先(でさき) 외출한 곳　向(む)かう (향해) 가다
申(もう)し訳(わけ)ない 미안하다　遅刻(ちこく) 지각

何(なに)についてのメッセージですか。
1　アルバイトの時間変更(じかんへんこう)のお願(ねが)いとその理由(りゆう)
**2　アルバイトの時間(じかん)に遅(おく)れてしまう理由(りゆう)**
3　急用(きゅうよう)ができてアルバイトに行(い)けなくなったこと
4　用事(ようじ)を済(す)ましてからアルバイトに行(い)くこと

무엇에 대한 메시지입니까?
1 아르바이트 시간 변경의 부탁과 그 이유
**2 아르바이트 시간에 늦어 버리는 이유**
3 급한 볼일이 생겨서 아르바이트에 갈 수 없게 된 것
4 볼일을 끝내고 나서 아르바이트에 가는 것
ㅣ어휘ㅣ 急用(きゅうよう) 급한 볼일  できる (일이) 생기다
用事(ようじ) 볼일  済(す)ます 끝내다, 마치다

## 問題 3-4番 🎧 15

えい ご                            かんけいしゃ  はな
英語スピーチコンテストの関係者が話しています。

영어 말하기 대회의 관계자가 이야기하고 있습니다.

女 中学生のための英語スピーチコンテストのお
知らせです。英語に強い関心を寄せる中学生
の皆さんが、日常の学習成果を発表する場で
す。中学3年生は英語スピーチ、中学1、2年生
はレシテーションを基本としますが、希望が
あればスピーチ、レシテーションのどちらにも
応じます。審査基準ですが、スピーチの内容
だけでなく、暗唱しているかどうか、前を向
いて話しているか、感情のこもった発話をし
ているか、イントネーションや発音が適切か
どうかなど、言語以外のコミュニケーション
ツールも含めて総合的な審査といたします。
振るってご応募ください。

여 중학생 위한 영어 말하기 대회의 공지입니다. 영어에 강한
관심을 기울이는 중학생 여러분이 일상의 학습 성과를 발표
하는 장입니다. 중학교 3학년은 영어 연설, 중학교 1, 2학년은
암송을 기본으로 합니다만, 희망이 있으면 연설, 암송의 어느
쪽에도 응합니다. 심사 기준입니다만, 연설의 내용뿐만이 아
니라, 암송하고 있는지 어떤지, 앞을 향해 이야기하고 있는지,
감정이 깃든 발화를 하고 있는지, 억양이랑 발음이 적절한지
어떤지 등, 언어 이외의 의사소통 도구도 포함시켜 종합적인
심사로 하겠습니다. 적극적으로 응모해 주십시오.

ㅣ어휘ㅣ スピーチコンテスト 말하기 대회
知(し)らせ 알림, 통지, 공지
寄(よ)せる 마음을 기울이다[두다]  日常(にちじょう) 일상
成果(せいか) 성과  〜場(ば) 〜장  スピーチ 연설
〜年生(ねんせい) 〜학년
レシテーション 청중 앞에서 행하는 시 낭송이나 암송
基本(きほん) 기본  希望(きぼう) 희망
応(おう)じる (요구에) 응하다  審査(しんさ) 심사
基準(きじゅん) 기준  暗唱(あんしょう) 암송
前(まえ)を向(む)く 앞을 향하다  感情(かんじょう) 감정
こもる (감정 등이) 깃들다  発話(はつわ) 발화

適切(てきせつ) 적절  言語(げんご) 언어
含(ふく)める 포함시키다  総合的(そうごうてき) 종합적
振(ふ)るって 적극적으로  応募(おうぼ) 응모

おも   なに        はな
主に何について話していますか。
    えいご                      ひょうか ほうほう
**1 英語スピーチコンテストの評価方法**
    えいご                      さんか きじゅん
2 英語スピーチコンテストの参加基準
    えいご                      ひら      にちじ
3 英語スピーチコンテストが開かれる日時
    えいご                      ひら      ばしょ
4 英語スピーチコンテストが開かれる場所

주로 무엇에 대해서 이야기하고 있습니까?
**1 영어 말하기 대회의 평가 방법**
2 영어 말하기 대회의 참가 기준
3 영어 말하기 대회가 열리는 일시
4 영어 말하기 대회가 열리는 장소
ㅣ어휘ㅣ 開(ひら)く 열다, 개최하다  日時(にちじ) 일시

## 問題 3-5番 🎧 16

しごと                           かいしゃ ひと  はな
「仕事イロイロ」という会社の人が話しています。

'시고토 이로이로(일 여러 가지)'라는 회사의 사람이 이야기하고 있습
니다.

男 今や、人生100年と言われる時代です。給料だ
けではなく、出世でもなく、本当にやりたいこ
とを仕事にしようと職探しをすることも当たり
前の時代になりつつあります。とはいえ、一度
就職した後に転職となるとハードルがあるの
もまた事実です。どうやればやりたい仕事に出
会えるのか、わからないという声もよく聞きま
す。「仕事イロイロ」はそういった方々に新たな
仕事との出会いの場をご提供します。まずは、
おためし転職として仕事を体験してみること
で、自分を活かせる仕事なら、転職への道が拓
けます。

남 바야흐로 인생 100년이라고 일컬어지는 시대입니다. 월급뿐
만 아니라 출세도 아니고, 정말로 하고 싶은 것을 직업으로
하려고 구직 활동을 하는 것도 당연한 시대가 되고 있습니다.
그렇지만 한 번 취직한 후에 이직하려고 하면 장벽이 있는 것
도 또한 사실입니다. 어떻게 하면 하고 싶은 일을 만날 수 있
는 것인지 모르겠다는 소리도 자주 듣습니다. '시고토 이로이
로(일 여러 가지)'는 그러한 분들에게 새로운 일과의 만남의
장을 제공해 드립니다. 우선은 시험 이직으로 일을 체험해 봄
으로써 자신을 살릴 수 있는 일이라면 이직에 대한 길을 개척
할 수 있습니다.

| 어휘 | 今(いま)や 바야흐로 人生(じんせい) 인생
〜と言(い)われる 〜라고 일컬어지다
給料(きゅうりょう) 급료, 월급 出世(しゅっせ) 출세
職探(しょくさが)し 구직 활동 当(あ)たり前(まえ) 당연함
동사의 ます형+つつある 〜하고 있다 とはいえ 그렇지만
転職(てんしょく) 전직, 이직 ハードル 허들, 장벽
出会(であ)う 만나다, 마주치다 声(こえ) 소리, 의견
そういった 그러한 新(あら)たな 새로운
ご+한자 명사+する 〜해 드리다, 〜하다 *겸양표현
提供(ていきょう) 제공 ため試(ため)し 시험, 시도
体験(たいけん) 체험 活(い)かす 살리다, 발휘하다
拓(ひら)く 개척하다

この話(はなし)の主(おも)な内容(ないよう)は何(なん)ですか。
1 「仕事(しごと)イロイロ」の求人広告(きゅうじんこうこく)
2 「仕事(しごと)イロイロ」の業務内容(ぎょうむないよう)
3 「仕事(しごと)イロイロ」の決算発表(けっさんはっぴょう)
4 「仕事(しごと)イロイロ」の創立精神(そうりつせいしん)

이 이야기의 주된 내용은 무엇입니까?
1 '시고토 이로이로(일 여러 가지)'의 구인 광고
2 '시고토 이로이로(일 여러 가지)'의 업무 내용
3 '시고토 이로이로(일 여러 가지)'의 결산 발표
4 '시고토 이로이로(일 여러 가지)'의 창립 정신
| 어휘 | 求人(きゅうじん) 구인 広告(こうこく) 광고
業務(ぎょうむ) 업무 決算(けっさん) 결산 創立(そうりつ) 창립
精神(せいしん) 정신

## 問題 4-1番 🎧17

女 あ、風呂場(ふろば)の電球(でんきゅう)、切(き)れてるよ。
男 1 さっき、消(け)したばかりなのに。
2 早(はや)く替(か)えなくちゃ。
3 先(さき)に入(はい)って。

여 아, 욕실의 전구, 나갔어.
남 1 조금 전에 막 껐는데.
2 빨리 갈아야겠네.
3 먼저 해[목욕해].

| 어휘 | 風呂場(ふろば) 욕실
電球(でんきゅう)が切(き)れる 전구가 나가다[끊어지다]
消(け)す 끄다
동사의 た형+ばかりだ 막 〜한 참이다, 〜한 지 얼마 안 되다
替(か)える 바꾸다, 갈다
〜なくちゃ 〜해야지 *「〜なくてはならない」(〜지 않으면 안
된다, 〜해야 한다)의 준말
先(さき)に 먼저 (お風呂(ふろ)に)入(はい)る 목욕하다

## 問題 4-2番 🎧18

男 今度(こんど)の打(う)ち合(あ)わせはいつだったっけ。
女 1 ぜひ来週(らいしゅう)の水曜日(すいようび)にしてください。
2 私(わたし)は今度(こんど)の打(う)ち合(あ)わせに参加(さんか)できません。
3 確(たし)か、今週(こんしゅう)の金曜日(きんようび)だったと思(おも)いますが。

남 이 다음 미팅은 언제였더라?
여 1 꼭 다음 주 수요일로 해 주세요.
2 저는 이번 미팅에 참석 못해요.
3 아마 이번 주 금요일이었다고 생각하는데요.

| 어휘 | 今度(こんど) 이 다음, 이번
打(う)ち合(あ)わせ 사전 회의, 미팅 〜っけ 〜던가 *잊었던 일이
나 불확실한 일을 상대방에게 질문하거나 확인함을 나타냄
確(たし)か 아마, 틀림없이

## 問題 4-3番 🎧19

女 やれることは全部(ぜんぶ)やったから、あとは合格発表(ごうかくはっぴょう)の日(ひ)を待(ま)つだけですね。
男 1 でも、合格(ごうかく)できて本当(ほんとう)によかったね。
2 あれだけがんばったんだから、きっと受(う)かるよ。
3 もっとがんばったら合格(ごうかく)したかもしれないよね。

여 할 수 있는 것은 전부 했으니까, 남은 건 합격 발표날을 기다
리는 것뿐이네요.
남 1 그래도 합격할 수 있어서 정말로 다행이네.
2 그만큼 열심히 했으니까 꼭 합격할 거야.
3 좀 더 열심히 했으면 합격했을지도 모르지.

| 어휘 | あと 그 외의 일, 나머지 合格(ごうかく) 합격
あれだけ (서로 알고 있는) 그만큼 きっと 꼭, 반드시
受(う)かる 붙다, 합격하다

## 問題 4-4番 🎧20

男 ここらで一休(ひとやす)みしませんか。
女 1 ええ、いいですね。
2 あれ、また買(か)うんですか。
3 すみません。もうお腹(なか)いっぱいです。

남 이쯤에서 잠깐 쉬지 않을래요?
여 1 네, 좋아요.
2 어머, 또 사는 거예요?
3 죄송해요. 이제 배가 불러요.

| 어휘 | ここら 이쯤 一休(ひとやす)み 잠깐 쉼 買(か)う 사다

## 問題 4-5番 🎧 21

男 今日(きょう)のお昼(ひる)は出前(でまえ)にしようかな。

女 1 いいね、ピザはどう?

2 出(で)る前(まえ)に電話(でんわ)しといたら?

3 早(はや)く出(で)かけた方(ほう)がいいって。

남 오늘 점심은 (요리) 배달로 할까?

여 1 좋아, 피자는 어때?

2 나가기 전에 전화해 두는 게 어때?

3 빨리 나가는 편이 좋다고.

| 어휘 | 出前(でまえ) (요리) 배달 出(で)る 나가다
~とく ~해 두다 *『~ておく』의 회화체 표현
出(で)かける 외출하다, 나가다

## 問題 4-6番 🎧 22

女 高橋君(たかはしくん)は授業中(じゅぎょうちゅう)あくびばかりしてたよ。

男 1 授業(じゅぎょう)がすごく楽(たの)しいって言(い)ってたよ。

2 やっぱり彼(かれ)はまじめなんだよね。

3 また夜遅(よるおそ)くまでゲームやってたのか。

여 다카하시 군은 수업 중에 하품만 하고 있었어.

남 1 수업이 굉장히 재미있다고 했어.

2 역시 그는 성실하네.

3 또 밤늦게까지 게임한 건가?

| 어휘 | あくび 하품 ~ばかり ~만, ~뿐
まじめ(真面目) 성실함

## 問題 4-7番 🎧 23

女 あ、雨(あめ)だ。どうしよう、窓(まど)開(あ)けっぱなしなのに…。

男 1 もっと早(はや)く開(あ)けた方(ほう)がいいって。

2 どうする?家(いえ)に戻(もど)る?

3 ごめん、部屋(へや)が暑(あつ)くて開(あ)けておいたよ。

여 아, 비다. 어떻게 하지, 창문 열어 둔 채인데….

남 1 더 일찍 여는 편이 좋아.

2 어떻게 할래? 집에 되돌아갈래?

3 미안, 방이 더워서 열어 놨어.

| 어휘 | 開(あ)ける 열다 동사의 ます형+っぱなし ~한 채로 둠
戻(もど)る 되돌아가[오]다

## 問題 4-8番 🎧 24

男 最近香(さいきんかおり)ちゃん、ちょっと太(ふと)り気味(ぎみ)じゃない?

女 1 私(わたし)も風邪気味(かぜぎみ)で昨日(きのう)仕事休(しごとやす)んだよ。

2 ほんと?甘(あま)いものは控(ひか)えた方(ほう)がいいね。

3 うん、ありがとう。今度(こんど)ランチおごるよ。

남 요즘 가오리, 조금 살찐 것 같지 않아?

여 1 나도 감기 기운 때문에 어제 일 쉬었어.

2 정말? 단 건 삼가는 편이 좋겠네.

3 응, 고마워. 다음에 점심 한턱낼게.

| 어휘 | 太(ふと)る 살찌다
동사의 ます형·명사+気味(ぎみ) ~기색, ~기미, ~경향
控(ひか)える 삼가다, 절제하다, 줄이다 おごる 한턱내다

## 問題 4-9番 🎧 25

女 このパン、おいしいですね。

男 1 ええ、炊(た)きたてですから。

2 ええ、焼(や)きたてですから。

3 ええ、とれたてですから。

여 이 빵, 맛있네요.

남 1 네, 갓 지었으니까요.

2 네, 갓 구웠으니까요.

3 네, 갓 수확됐으니까요.

| 어휘 | 炊(た)く (밥을) 짓다
동사의 ます형+た(立)て 막[갓] ~함 焼(や)く 굽다
と(採)れる (채소·과일이) 수확되다

## 問題 4-10番 🎧 26

男 ああ、森口(もりぐち)さんの奥様(おくさま)ですか。初(はじ)めまして。

女 1 森口(もりぐち)さんの奥様(おくさま)と会(あ)う予定(よてい)ですか。

2 いいえ、もう奥様(おくさま)と出(で)かけましたよ。

3 いつも主人(しゅじん)がお世話(せわ)になっております。

남 아-, 모리구치 씨 부인이세요? 처음 뵙겠습니다.

여 1 모리구치 씨 부인과 만날 예정이에요?

2 아니요, 벌써 부인과 나갔어요.

3 늘 남편이 신세를 지고 있습니다.

| 어휘 | 主人(しゅじん) (자신의) 남편

### 問題 4-11番 27

女　工場へは寄らなくてもいいですか。

男　**1 いいえ、寄らなければなりません。**

2 いいえ、寄らなくてもいいです。

3 いいえ、寄ってはいけません。

여　공장에는 들르지 않아도 되나요?

남　**1 아니요, 들러야 해요.**

2 아니요, 들르지 않아도 돼요.

3 아니요, 들르면 안 돼요.

| 어휘 | 寄(よ)る 들르다　～なくてもいい ～하지 않아도 된다
～なければならない ～하지 않으면 안 된다, ～해야 한다
～てはいけない ～해서는[하면] 안 된다

### 問題 4-12番 28

女　藤原さんはいける口ですか。

男　1 その日はちょっと都合が悪くて行けませんね。

2 藤原さんも一緒に行きますか。

**3 まあ、普通ですね。**

여　후지와라 씨는 술을 잘 마시나요?

남　1 그 날은 좀 사정이 안 좋아서 못 가겠네요.

2 후지와라 씨도 같이 가나요?

**3 뭐, 보통이에요.**

| 어휘 | いける口(くち)だ 술을 꽤 하다
都合(つごう) 사정, 형편　普通(ふつう) 보통

### 問題 5-1番 29

男の人が歯医者に電話をしています。

남자가 치과에 전화를 하고 있습니다.

(電話の音)

女　はい、内村歯科です。

男　あの、先週虫歯の治療をしてもらったんですが、今朝から同じところがひどく痛むんですが…。これからすぐ診てもらえるんでしょうか。

女　はい、少々お待ちください。あ、すみません、今日は予約いっぱいですね。

男　あ、明日はどうですか。

女　今週はもう予約いっぱいになりました。来週の月曜日の午前中はいかがですか。

男　いや、すごく痛くてもう何もできない状態ですよ。

女　そうですか。じゃ、今日の最後の予約が5時ですので、その患者さんが終わった後か、開院時間は8時半ですが、もしその前に来られたら何とかいたしますが。

男　いや、もう痛く痛くて死にそうですよ。できるだけ早く診てもらいたいですが、今すぐ行っても本当に無理ですか。

女　大変申し訳ありませんが、予約された他の患者さんが多いですので、これ以上は…。

(전화 소리)

여　예, 우치무라 치과입니다.

남　저, 지난주에 충치 치료를 받았는데요, 오늘 아침부터 같은 데가 심하게 아픈데요…. 지금부터 바로 진찰받을 수 있을까요?

여　예, 잠시 기다려 주세요. 아, 죄송합니다. 오늘은 예약이 다 찼네요.

남　아, 내일은 어때요?

여　이번 주는 이미 예약이 다 찼어요. 다음 주 월요일 오전 중에는 어떠세요?

남　아뇨, 굉장히 아파서 이제 아무것도 할 수 없는 상태예요.

여　그래요? 그럼, 오늘 마지막 예약이 5시니까 그 환자분이 끝난 후나, 개원 시간은 8시 반이지만 만약 그 전에 오실 수 있으면 어떻게든 하겠는데요.

남　아뇨, 이제 너무 아파서 죽을 것 같아요. 가능한 한 빨리 진찰받고 싶은데요, 지금 바로 가도 정말로 무리인가요?

여　대단히 죄송한데요, 예약된 다른 환자분이 많아서 이 이상은….

| 어휘 | 歯医者(はいしゃ) 치과, 치과의사　歯科(しか) 치과
虫歯(むしば) 충치　治療(ちりょう) 치료　痛(いた)む 아프다
診(み)る (환자를) 보다, 진찰하다　患者(かんじゃ) 환자
開院(かいいん) 개원　何(なん)とか 어떻게든
できるだけ 가능한 한, 되도록

この男の人は、いつ歯医者へ行きますか。

1 今すぐ行く。

**2 今日の夕方頃行く。**

3 明日の朝早く行く。

4 来週の月曜日の朝早く行く。

이 남자는 언제 치과에 갑니까?
1 지금 바로 간다.
**2 오늘 저녁때쯤 간다.**
3 내일 아침 일찍 간다.
4 다음 주 월요일 아침 일찍 간다.
| 어휘 | 夕方(ゆうがた) 저녁때

## 問題 5-2番 30

男の人と女の人が話しています。

남자와 여자가 이야기하고 있습니다.

男 今度の社員旅行のことだけど、全部で何人になる?
女 35人です。
男 35人? あれ、30人乗りのバスじゃ乗り切れないな。
女 そうですね。
男 でも5人オーバーしたことで、バスを2台借りるのもお金がもったいないし…。
女 そうですね、貸し切りバスってけっこう高いですね。
男 じゃ、僕が車持っていくから、僕の車に乗ればいいんだよね。
女 でも課長、荷物が多くてちょっと無理だと思いますよ。
男 荷物が多いって?
女 はい、社員個人の荷物も多いだろうし、社員旅行の景品もけっこう多いので、もう1台要ります。
男 あ、そうだった、そうだった。景品があったよね…。じゃ、青山君に頼んでみようか。
女 はい、さっそく青山さんに聞いてみます。

남 이번 사원여행 말인데, 전부 해서 몇 명이 되지?
여 35명이요.
남 35명? 어, 30인승 버스로는 다 못 타겠네.
여 그러네요.
남 하지만 5명 초과한 걸로 버스를 2대 빌리는 것도 돈이 아깝고….
여 그러게요, 전세버스는 꽤 비싸죠.
남 그럼, 내가 차 가지고 갈 테니까, 내 차를 타면 되겠네.
여 하지만 과장님, 짐이 많아서 좀 무리라고 생각해요.
남 짐이 많다고?
여 예, 사원 개인의 짐도 많을 테고, 사원여행 경품도 꽤 많으니까 한 대 더 필요해요.
남 아, 그렇지, 그렇지. 경품이 있었지…. 그럼, 아오야마 군에게 부탁해 볼까?
여 예, 바로 아오야마 씨에게 물어볼게요.

| 어휘 | ~乗(の)り (인원수를 나타내는 말에 붙어) ~승
동사의 ます형+切(き)れない 완전히[끝까지] ~할 수 없다
借(か)りる 빌리다 もったいない 아깝다 貸(か)し切(き)り 전세
けっこう(結構) 제법, 꽤 景品(けいひん) 경품 要(い)る 필요하다
さっそく(早速) 즉시, 바로

乗り物は、全部で何台行きますか。

1 バス1台と乗用車1台
**2 バス1台と乗用車2台**
3 バス2台と乗用車1台
4 バス2台と乗用車2台

탈것은 전부 해서 몇 대 갑니까?
1 버스 한 대와 승용차 한 대
**2 버스 한 대와 승용차 두 대**
3 버스 두 대와 승용차 한 대
4 버스 두 대와 승용차 두 대
| 어휘 | 乗(の)り物(もの) 탈것 乗用車(じょうようしゃ) 승용차

## 問題 5-3番 31

男の人と女の人が明日の旅行コースの説明を聞いています。

남자와 여자가 내일 여행코스의 설명을 듣고 있습니다.

男1 皆さん、こんにちは。今日は四つのコースを用意しました。それぞれ半日のコースなので、午前に一つ、午後に一つというふうに、一日に二つのコースを自由に組み合わせてお選びいただけます。まず、東京ドライブコース。こちらは人気の東京スカイツリーとお台場へご案内します。スズメバスのお客様限定のTHE SKYTREE SHOPで10%割引の特典付きです。タイムスリップコースは、車内のモニターで過去の東京にタイムスリップして過去の東京と比較し、時代の移り変わりを楽しめます。食いしん坊コースでは、プレミアムなランチタイムを過ごすコースで、ホテルヒルトン東京でバイキングを堪能し、話題のスポットをめぐる厳選ツアーです。最後に、東京スカイツリーコース。このコースでは東京スカイツリーの全(すべ)てを楽(たの)しめます。それから浅草(あさくさ)の散策(さんさく)もお楽(たの)しみください。

---

**男2** ふん～、全部半日(ぜんぶはんにち)のコースなのか。

**女** じゃ、こうしよう。二人(ふたり)で一(ひと)つずつ選(えら)んで一緒(いっしょ)に回(まわ)ろうよ。

**男2** あ、それいいね。じゃ、どれにしようか。

**女** 私(わたし)は東京(とうきょう)の変遷(へんせん)も気(き)に入(い)ってるけど、買(か)い物(もの)もしたいし…。どうしようかな…。

**男2** やっぱりおいしいものも食(た)べたいから、僕(ぼく)は午前中(ごぜんちゅう)のコースはこっちにする。

**女** あ、そうよね、じゃ、一(ひと)つは決(き)まり。私(わたし)はやっぱりほしいグッズもあるし、これにするわ。

**男2** 東京(とうきょう)の変遷(へんせん)はまた今度(こんど)にしようね。

**女** うん、そうしよう。

**남1** 여러분 안녕하세요. 오늘은 네 개의 코스를 준비했습니다. 각각 한나절 코스이므로, 오전에 하나, 오후에 하나라는 식으로, 하루에 두 개의 코스를 자유롭게 조합해서 선택하실 수 있습니다. 먼저 도쿄 드라이브 코스. 이쪽은 인기인 도쿄 스카이트리와 오다이바에 안내해 드립니다. 참새버스 고객 한정의 THE SKYTREE SHOP에서 10% 할인의 특전이 붙어 있습니다. 타임 슬립 코스는 차 안의 모니터로 과거의 도쿄로 타임 슬립해서 과거의 도쿄와 비교해, 시대의 변천을 즐길 수 있습니다. 먹보 코스에서는 프리미엄한 런치 타임을 보내는 코스로, 호텔 힐튼 도쿄에서 뷔페를 만끽하고 화제의 장소를 도는 엄선 투어입니다. 마지막으로 도쿄 스카이트리 코스. 이 코스에서는 도쿄 스카이트리의 모든 것을 즐길 수 있습니다. 그리고 아사쿠사 산책도 즐기십시오.

---

**남2** 흠~, 전부 한나절 코스인 건가?

**여** 그럼, 이렇게 하자. 둘이서 하나씩 골라서 같이 돌자.

**남2** 아, 그거 좋겠네. 그럼, 어느 걸로 할까?

**여** 나는 도쿄의 변천도 마음에 들지만 쇼핑도 하고 싶고…. 어떻게 하지….

**남2** 역시 맛있는 것도 먹고 싶으니까, 나는 오전 중의 코스는 이쪽으로 할래.

**여** 아, 그렇네, 그럼, 하나는 결정. 나는 역시 갖고 싶은 상품도 있고, 이걸로 할게.

**남2** 도쿄의 변천은 다음에 또 하자.

**여** 응, 그렇게 하자.

| 어휘 | 用意(ようい) 준비　半日(はんにち) 반일, 한나절
～ふう(風) ~식　一日(いちにち) 하루
組(く)み合(あ)わせる 짜맞추다, 조합하다
東京(とうきょう)スカイツリー 도쿄 스카이트리 *도쿄도 스미다구에 있는 지상 디지털 방송용 전파탑
割引(わりびき) 할인　特典(とくてん) 특전　付(つ)き 붙음
タイムスリップ 타임 슬립, (SF 등에서) 현실 시간에서 벗어나 순간적으로 과거나 미래로 이동하는 것
比較(ひかく) 비교　移(うつ)り変(か)わり 변천
食(く)いしん坊(ぼう) 먹보　バイキング 뷔페
堪能(たんのう) 실컷 ~함, 만족함　スポット 장소, 지점
めぐ(巡)る 돌다　厳選(げんせん) 엄선
全(すべ)て 전부, 모두, 모든 것　散策(さんさく) 산책
回(まわ)る 돌다, 돌아다니다　変遷(へんせん) 변천
気(き)に入(い)る 마음에 들다　グッズ 상품

**質問1**

男(おとこ)の人(ひと)はどのコースを選(えら)びましたか。

1 東京(とうきょう)ドライブコース
2 タイムスリップコース
**3 食(く)いしん坊(ぼう)コース**
4 東京(とうきょう)スカイツリーコース

남자는 어느 코스를 선택했습니까?

1 도쿄 드라이브 코스
2 타임 슬립 코스
**3 먹보 코스**
4 도쿄 스카이트리 코스

**質問2**

女(おんな)の人(ひと)はどのコースを選(えら)びましたか。

**1 東京(とうきょう)ドライブコース**
2 タイムスリップコース
3 食(く)いしん坊(ぼう)コース
4 東京(とうきょう)スカイツリーコース

여자는 어느 코스를 선택했습니까?

**1 도쿄 드라이브 코스**
2 타임 슬립 코스
3 먹보 코스
4 도쿄 스카이트리 코스

# 모의고사 2회 정답

| | | | | | | | | | | | | | | |
|---|---|---|---|---|---|---|---|---|---|---|---|---|---|---|
| 언어지식—문자·어휘·문법—독해 ↓ 105분 | 문자·어휘 | 1 | **1** | **2** | **3** | **4** | **5** | | | | | | | |
| | | | 1 | 2 | 4 | 3 | 3 | | | | | | | |
| | | 2 | **6** | **7** | **8** | **9** | **10** | | | | | | | |
| | | | 2 | 3 | 1 | 1 | 2 | | | | | | | |
| | | 3 | **11** | **12** | **13** | **14** | **15** | | | | | | | |
| | | | 2 | 4 | 2 | 2 | 1 | | | | | | | |
| | | 4 | **16** | **17** | **18** | **19** | **20** | **21** | **22** | | | | | |
| | | | 2 | 1 | 4 | 1 | 2 | 3 | 3 | | | | | |
| | | 5 | **23** | **24** | **25** | **26** | **27** | | | | | | | |
| | | | 2 | 4 | 3 | 1 | 1 | | | | | | | |
| | | 6 | **28** | **29** | **30** | **31** | **32** | | | | | | | |
| | | | 3 | 1 | 4 | 2 | 4 | | | | | | | |
| | 문법 | 7 | **33** | **34** | **35** | **36** | **37** | **38** | **39** | **40** | **41** | **42** | **43** | **44** |
| | | | 4 | 1 | 2 | 1 | 2 | 3 | 4 | 2 | 1 | 4 | 3 | 1 |
| | | 8 | **45** | **46** | **47** | **48** | **49** | | | | | | | |
| | | | 2 | 4 | 2 | 2 | 1 | | | | | | | |
| | | 9 | **50** | **51** | **52** | **53** | **54** | | | | | | | |
| | | | 2 | 3 | 4 | 1 | 2 | | | | | | | |
| | 독해 | 10 | **55** | **56** | **57** | **58** | **59** | | | | | | | |
| | | | 3 | 3 | 3 | 1 | 2 | | | | | | | |
| | | 11 | **60** | **61** | **62** | **63** | **64** | **65** | **66** | **67** | **68** | | | |
| | | | 1 | 4 | 2 | 4 | 2 | 3 | 2 | 2 | 3 | | | |
| | | 12 | **69** | **70** | | | | | | | | | | |
| | | | 2 | 4 | | | | | | | | | | |
| | | 13 | **71** | **72** | **73** | | | | | | | | | |
| | | | 3 | 4 | 2 | | | | | | | | | |
| | | 14 | **74** | **75** | | | | | | | | | | |
| | | | 2 | 3 | | | | | | | | | | |
| 청해 ↓ 50분 | | 1 | **1** | **2** | **3** | **4** | **5** | | | | | | | |
| | | | 2 | 3 | 4 | 2 | 1 | | | | | | | |
| | | 2 | **1** | **2** | **3** | **4** | **5** | **6** | | | | | | |
| | | | 2 | 2 | 4 | 3 | 2 | 3 | | | | | | |
| | | 3 | **1** | **2** | **3** | **4** | **5** | | | | | | | |
| | | | 2 | 1 | 4 | 3 | 2 | | | | | | | |
| | | 4 | **1** | **2** | **3** | **4** | **5** | **6** | **7** | **8** | **9** | **10** | **11** | **12** |
| | | | 1 | 2 | 2 | 3 | 1 | 3 | 2 | 3 | 2 | 1 | 1 | 3 |
| | | 5 | **1** | **2** | **3(1)** | **3(2)** | | | | | | | | |
| | | | 3 | 4 | 4 | 2 | | | | | | | | |

# 모의고사 2회 해석·어휘 및 청해 스크립트



## 언어지식(문자·어휘·문법)

### 問題 1

**1** 검정시험을 보기 전에 과거 문제로 대책을 마련해 보기로 했다.
| 어휘 | 検定(けんてい) 검정
試験(しけん)を受(う)ける 시험을 보다 過去(かこ) 과거
対策(たいさく) 대책 整(ととの)える 마련하다
ふる(震)える 떨리다 かぞ(数)える 세다 う(植)える 심다

**2** 상품의 사이즈 등을 충분히 확인하고 나서 신중하게 구입하는 편이 좋다.
| 어휘 | 十分(じゅうぶん) 충분히 慎重(しんちょう) 신중
購入(こうにゅう) 구입

**3** 하고 싶은 일이 찾아지지 않더라도 초조해할 필요는 없다.
| 어휘 | 見(み)つかる 발견되다, 찾아지다
焦(あせ)る 초조해하다
동사의 기본형+ことはない ~할 필요는 없다
ふ(振)りかえ(返)る 뒤돌아보다 まも(守)る 지키다
こと(異)なる 다르다, 같지 않다

**4** 평소의 식생활 속에 비타민 C가 풍부한 식재료를 도입해 보자.
| 어휘 | 普段(ふだん) 평소 食生活(しょくせいかつ) 식생활
豊富(ほうふ) 풍부 食材(しょくざい) 식재료
取(と)り入(い)れる 도입하다

**5** 나는 그에게 좀 더 간결하게 이야기하도록 제안했습니다.
| 어휘 | 簡潔(かんけつ) 간결 提案(ていあん) 제안
せいけつ(清潔) 청결

### 問題 2

**6** 통신속도가 극단적으로 느린 경우, 무엇이 원인이라고 생각할 수 있을까요?
| 어휘 | 通信(つうしん) 통신 速度(そくど) 속도
きょくたん(極端) 극단, 극단적임 遅(おそ)い (속도가) 느리다
原因(げんいん) 원인

**7** 당신이라면 할 수 있습니다. 노력보다 나은 재능은 없으니까요.
| 어휘 | 努力(どりょく) 노력 まさ(勝)る 낫다, 우수하다
才能(さいのう) 재능 劣(おと)る 뒤지다

**8** 철야를 하고 있으면 뇌가 피로 상태가 됩니다.
| 어휘 | てつや(徹夜) 철야, 밤새움
脳(のう) 뇌 疲労(ひろう) 피로

**9** 유치한 글이라고는 생각합니다만, 즐겨 주시면 좋겠습니다.
| 어휘 | ようち(幼稚) 유치 ~とは ~라고는
楽(たの)しむ 즐기다 幸(さいわ)い 다행

**10** 전국의 초중학교에서 오래된 수영장을 폐지하는 움직임이 확산되고 있다.
| 어휘 | 小中学校(しょうちゅうがっこう) 초중학교
はいし(廃止) 폐지 動(うご)き 움직임
広(ひろ)がる 퍼지다, 확산되다 排除(はいじょ) 배제

### 問題 3

**11** 짙은 파란색과 보라색을 칠해서 (한)밤중의 하늘을 이미지화했습니다.
| 어휘 | 紫(むらさき) 보라색 塗(ぬ)る 칠하다
真(ま)~ 그 명사의 뜻을 강조함 *「真夜中(まよなか)」 – 한밤중
今(こん)~ 금~, 이번의~ *「今年度(こんねんど)」 – 금년도
元(もと)~ 전~, 전직~ *「元首相(もとしゅしょう)」 – 전 수상

**12** 각각 제공할 수 있는 경품(류)의 한도액 등이 정해져 있습니다.
| 어휘 | 提供(ていきょう) 제공 景品(けいひん) 경품
~類(るい) ~류, 종류 *「食器類(しょっきるい)」 – 식기류
限度額(げんどがく) 한도액 決(き)まる 정해지다, 결정되다

**13** 해에 따라서는 장마(가 끝나는) 시기를 특정할 수 없는 경우도 있는 것 같다.
| 어휘 | 年(とし) 연, 해 ~によっては ~에 따라서는
梅雨(つゆ) 장마
~明(あ)け ~기간이 끝남 *「連休明(れんきゅうあ)け」 – 연휴가 끝남, 「夏休(なつやす)み明(あ)け」 – 여름방학이[여름휴가가] 끝남
特定(とくてい) 특정, 특별히 그것이라고 지정하는 것
終(お)わり 끝(남), 마지막
~済(ず)み ~이 끝남, ~필 *「検査済(けんさず)み」 – 검사필

**14** 비율을 ○○%로 나타내는 방법을 백분(율)이라고 합니다.
| 어휘 | 割合(わりあい) 비율 表(あらわ)す 나타내다
百分(ひゃくぶん) 백분, 100으로 나누는 것
~率(りつ) ~율 *「就職率(しゅうしょくりつ)」 – 취직률

**15** 대량 주문이 있어서 일시적으로 재고 (품절)이 되었습니다.
| 어휘 | 大量(たいりょう) 대량 注文(ちゅうもん) 주문
一時的(いちじてき) 일시적 在庫(ざいこ) 재고
~切(ぎ)れ ~이 떨어짐, 다 됨 *「在庫切(ざいこぎ)れ」 – 재고 품절, 「時間切(じかんぎ)れ」 – 시간이 다 됨
無(な)し 없음 空(あ)き 속이 빔

### 問題 4

**16** 9일에 도쿄올림픽이 개막되어 개회식 (모습)을 세계 주요 미디어가 보도했다.
1 현상
**2 (돌아가는 그곳의) 모습**
3 상태
4 (사람의) 모습
| 어휘 | 五輪(ごりん) 오륜, 올림픽 開幕(かいまく) 개막
様子(ようす) (돌아가는 그곳의) 모습 主要(しゅよう) 주요
報道(ほうどう) 보도 現状(げんじょう) 현상, 현재의 상태

状態(じょうたい) 상태, 사물·현상이 놓여 있는 모양이나 형편
姿(すがた) (사람의) 모습

**17** 공사의 진동으로 건물이 (기울어) 버린 것 같습니다.

**1 기울어**
2 기울여
3 흩어져
4 어질러져
| 어휘 | 工事(こうじ) 공사 振動(しんどう) 진동
かたむ(傾)く 기울다 かたむ(傾)ける 기울이다
ち(散)らばる 흩어지다, 널리 분포하다
ち(散)らかる 흩어지다, 어질러지다

**18** 느긋하게 상담하시고 싶은 분은 (미리) 예약해 주세요.

1 곧
2 서서히
3 저절로
**4 미리**
| 어휘 | まえ(前)もって 미리, 사전에 まもなく 곧, 이윽고
じょじょ(徐々)に 서서히 ひとりでに 저절로

**19** 저는 그 계획에 쭉 의문을 (품어) 왔습니다.

**1 품어**
2 안아
3 떠안아
4 끌어안아
| 어휘 | ずっと 쭉, 계속 疑問(ぎもん) 의문
いだ(抱)く (머리로) 품다 だ(抱)く (물리적인 힘으로) 안다
かか(抱)える (문제·빚 등을) 떠안다
かか(抱)えこ(込)む (짐·물건·일·고민 등을) 끌어안다

**20** 집중력을 지속시키는 (비교적) 간단한 방법이 있거든요.

1 일부러
**2 비교적**
3 아직도
4 오로지
| 어휘 | 集中力(しゅうちゅうりょく) 집중력
持続(じぞく) 지속 わり(割)と 비교적 わざと 일부러, 고의로
いまだに 아직도 もっぱら 오로지

**21** 상사와 부하는 (상호) 의존 관계에 있다고 할 수 있습니다.

1 함께
2 공공
**3 상호**
4 공동
| 어휘 | 相互(そうご) 상호 依存(いぞん) 의존
~共(とも)に ~함께 公共(こうきょう) 공공
共同(きょうどう) 공동

**22** 일본식 화장실에서 서양식 화장실로 (개량)하는 비용을 조사해 봤습니다.

1 리마스터
2 반사
**3 개량**
4 재편곡
| 어휘 | 和式(わしき) 일본식 洋式(ようしき) 서양식
リフォーム 리폼, 개량 費用(ひよう) 비용
調(しら)べる 조사하다 リマスター 리마스터, 음질을 개선하기 위해 녹음용 마스터테이프를 다시 만드는 것
リフレックス 리플렉스, 반사 リアレンジ 리어렌지, 재편곡

## 問題 5

**23** 수험일이 다가옴에 따라, 초조함을 느끼는 수험생도 많으리라 생각합니다.

1 다가옴(거리)
**2 다가옴(거리·시간)**
3 멀어짐
4 멀어짐
| 어휘 | 受験日(じゅけんび) 수험일
せま(迫)る (시간이) 다가오다, 닥치다
~につ(連)れて ~에 따라, ~에 의해 焦(あせ)り 초조함
感(かん)じる 느끼다 受験生(じゅけんせい) 수험생
ちかよ(近寄)る (거리가) 다가오다, 접근하다
ちか(近)づく (거리·시간이) 가까워지다, 다가오다
とおの(遠退)く 멀어지다 とお(遠)ざかる 멀어지다

**24** 그는 상당히 목이 말랐었는지 위를 보며 물을 단숨에 다 마셔 버렸다.

1 누워서
2 일어서서
3 아래를 향해
**4 위를 향해**
| 어휘 | 相当(そうとう) 상당히
のど(喉)が渇(かわ)く 목이 마르다
あおむ(仰向)く 위를 보다 一気(いっき)に 단숨에
飲(の)み干(ほ)す 다 마셔 버리다 よこ(横)になる 눕다
た(立)ちあ(上)がる 일어서다 む(向)く 향하다

**25** 장어를 접시에 올려서 전자레인지로 3분 데우면 완성입니다.

1 맛있게 됩니다
2 녹습니다
**3 완성입니다**
4 냄새가 없어집니다
| 어휘 | 載(の)せる 위에 올리다 温(あたた)める 데우다
できあがり 완성 と(溶)ける 녹다 完成(かんせい) 완성
におい 냄새 な(無)くなる 없어지다

**26** 내용이 조금 분명하지 않아서 설명을 보충하겠습니다.

**1 추가하겠습니다**
2 길게 하겠습니다
3 간단히 하겠습니다
4 짧게 하겠습니다
| 어휘 | 不明瞭(ふめいりょう) 불명료, 분명하지 않음
補足(ほそく) 보충 つ(付)けた(足)す 덧붙이다, 추가하다

**27** 비가 오는 날은 길이 미끌미끌해서 위험하니까 조심하세요.

**1 미끄러지기 쉬워서**
2 차가워서
3 추워서
4 울퉁불퉁해서

| 어휘 | つるつる 미끌미끌 気(き)をつ(付)ける 조심[주의]하다
すべ(滑)る 미끄러지다 동사의 ます형+やすい ~하기 쉽다
でこぼこ(凸凹) 울퉁불퉁

## 問題 6

28 개최하다

1 사이는 좋아도 음악이나 음식 등 취향이 개최하는 경우는 흔히 있습니다.
2 안정된 직업에 개최하고 싶은 대학생은 어떻게 취직 활동을 해야 할 것인가?
**3 창립 20주년을 기념하여 왼쪽에 적은 대로 축하회를 개최하기로 했습니다.**
4 선수들은 전국대회에서의 우승을 개최하여 매일 늦게까지 연습하고 있다.
| 어휘 | もよお(催)す 개최하다 仲(なか) 사이, 관계
食(た)べ物(もの) 음식 好(この)み 취향 安定(あんてい) 안정
就活(しゅうかつ) 취직 활동 *「就職活動(しゅうしょくかつどう)」의 준말 ~べき ~해야 함 創立(そうりつ) 창립
~周年(しゅうねん) ~주년 記念(きねん) 기념
左記(さき) 좌기, (오른쪽에서 시작하는 세로쓰기에서) 왼쪽에 적음
~通(とお)り ~대로 祝賀会(しゅくがかい) 축하회
優勝(ゆうしょう) 우승 練習(れんしゅう) 연습

29 깊게 하다, 정도를 진전시키다

**1 자신의 세대보다도 위 사람과 교류함으로써 자연스럽게 지식을 깊게 할 수 있다.**
2 어떻게 하면 좋은 것인지 계속 깊게 하고 있지만 답은 나오지 않은 채다.
3 일을 하면서 대학에 깊게 하는 것은 상당히 힘든 일이다.
4 보도 위에 떨어져 있는 지갑을 주웠기에 파출소에 깊게 하러 갔습니다.
| 어휘 | ふか(深)める 깊게 하다, 정도를 진전시키다
世代(せだい) 세대 交流(こうりゅう) 교류
~ことで ~함으로써 自然(しぜん) 자연히, 자연스러움
知識(ちしき) 지식 答(こた)え 답 ~ままだ ~인 채다
なかなか 상당히, 꽤 大変(たいへん) 힘듦 歩道(ほどう) 보도
落(お)ちる 떨어지다 財布(さいふ) 지갑 拾(ひろ)う 줍다
交番(こうばん) 파출소 동사의 ます형+に ~하러 *동작의 목적

30 겉보기, 외모

1 인류는 겉보기를 만들어 자유자재로 쓰며 더욱 발전시키는 능력을 가지고 있습니다.
2 청바지나 너무 화려한 차림은 가벼운 겉보기를 주어 버리므로 피하도록 해 주세요.
3 방 구석에서 나는 그에게 눈으로 겉보기를 보냈으나 그는 알아차리지 못하고 있었다.
**4 겉보기가 말끔할지라도 마음까지 성실하다는 보증은 없다고 생각합니다.**
| 어휘 | み(見)ため(目) 겉보기, 외모 人類(じんるい) 인류
使(つか)いこなす 잘 다루다, 자유자재로 쓰다 さらに 더욱
発展(はってん) 발전 能力(のうりょく) 능력 ジーンズ 청바지
派手(はで) 화려함 な형용사의 어간+すぎる 너무 ~하다
格好(かっこう) 모습, 모양, 차림 与(あた)える 주다
避(さ)ける 피하다 隅(すみ) 구석 送(おく)る 보내다
気(き)づく 깨닫다, 알아차리다 きちんと 깔끔이, 말쑥이
誠実(せいじつ) 성실 保証(ほしょう) 보증

31 (사리를) 비우나

1 나는 집안일 중에서도 가장 귀찮게 느끼는 것이 빨래를 비우는 일입니다.
**2 일을 하고 있을 때 전화나 화장실 때문에 자리를 비우는 경우가 있습니다.**
3 비닐봉지로는 얇고 너무 부드러워서 즉시 비우는 경우가 있습니다.
4 외국에서는 테이블에서 계산을 비우는 경우가 많은 것 같습니다.
| 어휘 | はず(外)す (자리를) 비우다 家事(かじ) 가사, 집안일
面倒(めんどう)くさい 아주 귀찮다, 몹시 성가시다
洗濯物(せんたくもの) 세탁물, 빨래 席(せき) 자리, 좌석
ビニール袋(ぶくろ) 비닐봉지 柔(やわ)らか 부드러움
な형용사의 어간+すぎる 너무 ~하다 すぐに 곧, 즉시
会計(かいけい) (식당 등에서의) 계산

32 벌써, 진작에, 훨씬 전에

1 확실히 차는 있는 편이 편리하다고 생각하지만, 벌써밖에 사용하지 않습니다.
2 고양이가 벌써 달리기 시작하는 것은 많은 주인이 경험하고 있는 일이겠지요.
3 의논을 벌써 진행하는 방법이 있으면 가르쳐 주세요.
**4 설날 하와이행 티켓은 벌써 매진되었을 거라고 생각해.**
| 어휘 | とっくに 벌써, 진작에, 훨씬 전에 走(はし)る 달리다
동사의 ます형+出(だ)す ~하기 시작하다
飼(か)い主(ぬし) 사육주, 주인 話(はな)し合(あ)い 의논
進(すす)める 진행하다 お正月(しょうがつ) 설, 설날
~行(ゆ)き ~행 売(う)り切(き)れる 다 팔리다, 매진되다

## 問題 7

33 도중에 몇 명(이나 되는) 사람과 부딪쳤지만, 그런 걸 일일이 마음에 두고 있을 여유는 없었다.

1 이
2 인가
3 이나
**4 이나 되는**
| 어휘 | 途中(とちゅう) 도중 何人(なんにん) 몇 명
~もの ~이나 되는 ぶつかる 부딪치다
いちいち 일일이, 하나하나 気(き)にかける 마음에 두다
余裕(よゆう) 여유

34 오늘은 일본의 취직 활동이 (어쩐지) 이상하다고 생각하는 이유에 대해서 발표하고 싶습니다.
**1 어쩐지**
2 깜빡
3 어쨌든
4 도리어
| 어휘 | どうも 어쩐지, 왠지 *의문·불확실성을 나타내는 말
変(へん) 이상함 発表(はっぴょう) 발표 うっかり 깜빡
ともかく 어쨌든 かえって 도리어

35 언어가 다르(기에 더욱더) 전하려고 노력할 수 있었기 때문에 보다 적극적이 될 수 있었습니다. 지금은 일본과는 다른 문화를 가진 사람과 영어로 이야기하고 싶다는 기분이 되었습니다.

1 로 보아
**2 기에 더욱더**
3 부터 해서
4 로 보면
| 어휘 | 言葉(ことば) 말, 언어 違(ちが)う 다르다
～からこそ ～이기에 더욱더 *이유를 강조 伝(つた)える 전하다
努力(どりょく) 노력 積極的(せっきょくてき) 적극적
～からみて ～로 보아 ～からして ～부터 해서
～からすれば ～로 보면

**36** 온라인 문의 창구에서는 피자 주문을 (받을) 수 없습니다. 대단히 죄송합니다만, 각 점포에 직접 주문해 주시기를 부탁드립니다.

**1 받을**
2 말씀드릴
3 받으실
4 볼
| 어휘 | 問(と)い合(あ)わせ 문의 窓口(まどぐち) 창구
うけたまわ(承)る 받다 *「受(う)ける」의 겸양어
恐(おそ)れ入(い)る 죄송해하다, 송구스러워하다 店舗(てんぽ) 점포
ご+한자 명사+頂(いただ)く ～해 받다, ～해 주시다 *「～てもらう」의 겸양표현 お+동사의 ます형+申(もう)し上(あ)げる ～해 드리다, ～하다 *겸양표현
もう(申)しあ(上)げる 말씀드리다 *「言(い)う」(말하다)의 겸양어
お+동사의 ます형+になる ～하시다 *존경표현
はいけん(拝見)する 보다 *「見(み)る」의 겸양어

**37** 이것이 추천하시는 아쿠타가와상 수상 작품 순위인데요, 역시 수상한 (만큼의 가치)는 있네요.

1 뿐인 것
**2 만큼의 가치**
3 밖의 것
4 만의 것
| 어휘 | すす(勧)め 추천
芥川賞(あくたがわしょう) 아쿠타가와상 *이름난 소설가인 「芥川龍之介(あくたがわりゅうのすけ)」(아쿠타가와 류노스케)를 기념하기 위해 문예춘추사에서 제정한 문학상
受賞(じゅしょう) 수상
～だけのことはある ～만큼의 가치는 있다

**38** 아키라 감독은 기자회견에서 '지금까지 없던 시대극을 (보여 드리고 싶다)고 생각한다'고 말했다.

1 보시고 싶다
2 보심을 하고 싶다(틀린 문장)
**3 보여 드리고 싶다**
4 보심을 하고 싶다(틀린 문장)
| 어휘 | 監督(かんとく) 감독 今(いま)まで 지금까지
時代劇(じだいげき) 시대극
ご覧(らん)に入(い)れる 보여 드리다 *「見(み)せる」(보여 주다)의 겸양어 ご覧(らん)になる 보시다 *「見(み)る」의 존경어
述(の)べる 말하다, 서술하다

**39** 누구나가 손쉽게 스마트폰을 이용할 수 있게 된 결과, '스마트폰 의존증'이라고 일컬어지는 현상이 사회문제로 전 세계의 고민이 (되고 있는) 것 같습니다.

1 되고만 있는
2 되고만 있는(틀린 문장)
3 되고 있는(틀린 문장)
**4 되고 있는**
| 어휘 | 誰(だれ)もが 누구나가 手軽(てがる) 손쉬움, 간단함
スマホ 스마트폰 *「スマートホン」의 준말
依存症(いぞんしょう) 의존증
～と言(い)われる ～라고 일컬어지다 現象(げんしょう) 현상
世界中(せかいじゅう) 전 세계 悩(なや)み 고민
동사의 ます형++つつある ～하고 있다
～てばかりいる ～하고만 있다

**40** 시장님을 비롯해 다수의 고객과 지역 분들께서도 (와 주셨습니다).

1 와 주셨습니다
**2 와 주셨습니다**
3 와 주셨습니다
4 오셔 드렸습니다(틀린 문장)
| 어휘 | ～をはじめ ～을 비롯하여
おいで 나가심, 가심, 오심, 계심 *「出(で)る」(나가다), 「行(い)く」(가다), 「来(く)る」(오다), 「いる」(있다)의 존경어
おこ(越)し 가심, 오심, 왕림, 행차

**41** 요시무라 씨는 부동산 회사에 입사했다(고 합니다)만, 그곳에서는 어떤 일을 하시고 있는 건가요?

**1 고 합니다**
2 고는 말하지 않을지언정
3 고는 말하고 있지만
4 고밖에 말할 방법이 없지만
| 어휘 | 不動産(ふどうさん) 부동산 入社(にゅうしゃ) 입사
～とのことだ ～라고 한다 *전문
～ないまでも ～하지 않을지언정, ～하지 않을지라도
～ものの ～지만
동사의 ます형+よう(様)がない ～할 방법이[도리가] 없다

**42** '나이는 단순한 숫자'라는 것은 무엇을 하든 나이라는 것은 단순한 숫자(에 불과한) 것이니, 신경 쓰지 않아도 된다는 뜻입니다.

1 가 아닌 것
2 밖에 없는 것
3 고밖에 없는
**4 에 불과한**
| 어휘 | 単(たん)なる 단순한 数字(すうじ) 숫자
～とは ～라는 것은 ～にせよ ～하든, ～하더라도
～でしかない ～에 불과하다 気(き)にする 신경 쓰다

**43** 비서 : '사장님, 야마구치 공업의 기무라 부장님이 (오셨습니다).'
사장 : '아, 그래? 알았어.'

1 보아 주셨습니다
2 알고 계셨습니다
**3 오셨습니다**
4 여쭤 보셨습니다(틀린 문장)
| 어휘 | おみ(見)えになる 오시다 ごらん(覧) 보심
ご存(ぞん)じだ 알고 계시다
うかが(伺)う 듣다, 여쭙다, 찾아뵙다 *「聞(き)く」(듣다, 묻다), 「訪(おとず)れる」(방문하다)의 겸양어

44 요즘 젊은 사람은 스마트폰이 있어서 집전화를 갖고 있지 않은 분도 많은 것 같은데, 집전화 쪽이 통화료는 싸거나 하기 때문에 (있으면 있는 대로) 편리하다고 생각합니다.

**1 있으면 있는 대로**
2 있어도 없어도
3 싸면 싼 대로
4 싸도 비싸도

| 어휘 | 今時(いまどき) 요즘, 요새 세상
固定電話(こていでんわ) 고정전화, 집전화
〜たら〜たで 〜하면 〜한 대로

## 問題 8

45 우리 아버지는 정년퇴직한 다음날부터 **★하루도 빠뜨리지 않고** 산에 계속 오르며 10,000일을 목표로 하고 있었습니다.
: うちの父は、定年退職した 翌日から **★一日も欠かさず** 山へ登り続けて一万日を目指していました。

| 어휘 | うち 우리 定年退職(ていねんたいしょく) 정년퇴직
翌日(よくじつ) 다음날 一日(いちにち) 하루
欠(か)かす 빠뜨리다, 거르다 〜ず(に) 〜하지 않고, 〜하지 말고
登(のぼ)る (높은 곳으로) 오르다
동사의 ます형+続(つづ)ける 계속 〜하다
目指(めざ)す 지향하다, 목표로 하다

46 이번 태풍은 폭풍역이 비교적 좁기 때문에 접근함 에 **★따라** 갑자기 비와 바람이 세진다는 특징이 있습니다.
:今度の台風は暴風域が比較的狭いために、接近 に **★ともなって** 急に雨や風が強まるという特徴があります。

| 어휘 | 今度(こんど) 이번 台風(たいふう) 태풍
暴風域(ぼうふういき) 폭풍역, 풍속 25m/s 이상의 태풍 영향 범위
比較的(ひかくてき) 비교적 接近(せっきん) 접근
〜にともな(伴)って 〜에 따라, 〜에 수반하여
急(きゅう)に 갑자기 強(つよ)まる 강해지다, 세지다
特徴(とくちょう) 특징

47 예약 상황 캘린더에서 희망하시는 일시의 빈 상황을 **★확인하신** 후 신청해 주세요.
: 予約状況カレンダーでご希望日時の 空き 状況を **★ご確認** の上、お申し込みください。

| 어휘 | 予約(よやく) 예약 状況(じょうきょう) 상황
カレンダー 캘린더, 달력 希望(きぼう) 희망 日時(にちじ) 일시
空(あ)き (접두어적으로) 빈〜 *「空(あ)き家(や)」 – 빈집
確認(かくにん) 확인 명사+の+上(うえ) 〜한 후
お+동사의 ます형+ください 〜해 주십시오 *존경표현
申(もう)し込(こ)む 신청하다

48 가늘고 긴 독특한 모양의 인형을 보고 있으면 당장이라도 로봇 **★처럼** 움직이기 시작할 것 같은 느낌이 듭니다.
:細長い独特な形状の人形を見ていると、今にも ロボットの **★ように** 動き出しそうな気がしてきます。

| 어휘 | 細長(ほそなが)い 가늘고 길다 独特(どくとく) 독특
形状(けいじょう) 형상, 모양 人形(にんぎょう) 인형
今(いま)にも 당장이라도 動(うご)く 움직이다
동사의 ます형+出(だ)す 〜하기 시작하다
気(き)がする 생각[느낌]이 들다

49 몇 번이고 말합니다만, 그만두고 싶다고 생각하는 것은 **★나쁜** 것이 아닙니다. 오히려 그만두고 싶다면 그만둘 것을 권합니다.
: 何度も言いますが、辞めたいと思う ことは **★悪い** ことでは ありません。むしろ辞めたいのであれば、辞めてしまうことを勧めます。

| 어휘 | 何度(なんど)も 몇 번이고, 여러 번
辞(や)める (일자리를) 그만두다 むしろ 오히려
勧(すす)める 권하다

## 問題 9

50-54

당신은 친구가 없는 사람인가요?

나는 남과는 친해지지 않고 평생 혼자서 살아가겠다, 그러니까 친구 따위 필요 없다고 결의한 사람에게 50있어서는 친구 따위 있어도 없어도 인생에 있어서 전혀 영향은 없는 것이겠지요. 그러나 특별히 친구가 필요 없다고는 생각하고 있지 않는데, 문득 주위를 둘러봤을 때 자신에게는 친구라고 부를 수 있는 사람이 없다고 51깨닫는 일이 있을지도 모릅니다.

친구가 없다는 것은 보통 사람에게 있어서는 매우 외롭고 괴로운 일이지요. 모처럼의 휴일에 친구와 놀러 가고 싶어도 불러낼 수 있는 친구가 없어서 결국 휴일을 혼자서 멍하니 보내고 마는 일은 없습니까?

또한 결혼식을 올리려고 하더라도 결혼 상대가 친구를 많이 불렀는데 자신은 전혀 부를 친구가 없다, 그런 슬픈 상황을 맞게 52될지도 모릅니다.

이런 상황은 매우 무서워서 절대로 피해야 합니다. 도대체 왜 당신에게는 친구가 없는 것일까요? 실은 친구가 없는 사람에게는 자신은 의식을 하고 있지 않더라도 자기도 모르는 사이에 남을 곁에 오게 하지 않는, 남에게 미움을 살 행동을 하고 있습니다. 그러한 남에게 미움을 사는 행동이 당신이 친구를 만들지 못하는 53혹은 친구가 당신에게서 떠나가 버리는 원인이 되고 있는 것은 틀림없을 것입니다.

그와 같은 친구가 생기지 않는 원인이 되는 남에게 미움을 사는 행동이란 도대체 어떠한 것일까요? 친구가 없다는 것은 번거로운 인간관계가 없어서 자유롭게 살 수 있어 바람직하다고 여기는 사람도 있을지도 모릅니다.

만약 당신에게 자신은 친구가 없다는 자각이 있다면 지금부터라도 54늦지 않습니다. 그리고 친구가 없는 상황에서 벗어나면 반드시 지금까지 본 적도 없는 새로운 세계가 보일 것입니다.

| 어휘 | 自分(じぶん) 나, 자신 他人(たにん) 타인, 남
馴(な)れ合(あ)う 친해지다 〜ずに 〜하지 않고, 〜하지 말고
一生(いっしょう) 평생 生(い)きる 살다 〜なんか 〜따위
要(い)る 필요하다 決意(けつい) 결의
〜にとって (사람 · 입장 · 신분) 〜에게 있어서
〜において (장소 · 때 · 상황) 〜에 있어서, 〜에서
全(まった)く 전혀 影響(えいきょう) 영향 別(べつ)に 특별히
ふと 문득 まわ(周)り 주위 見回(みまわ)す 둘러보다
呼(よ)ぶ 부르다 気(き)づく 깨닫다, 알아차리다

普通(ふつう) 보통 寂(さび)しい 외롭다 辛(つら)い 괴롭다
せっかく 모처럼 동사의 ます형+に ~하러 *동작의 목적
誘(さそ)う 불러내다 結局(けっきょく) 결국
ぼうっと 멍한 모양 過(す)ごす (시간을) 보내다
挙(あ)げる (예식 등을) 올리다, 거행하다
~としても ~라고 하더라도 状況(じょうきょう) 상황
見舞(みま)う (「~われる」의 꼴로) (반갑지 않은 것이) 닥쳐오다, 만나다 동사의 ます형+かねない ~할지도 모른다
恐(おそ)ろしい 무섭다, 두렵다 避(さ)ける 피하다
~てはいけない ~해서는 안 된다 そもそも 도대체
実(じつ)は 실은 意識(いしき) 의식
知(し)らず知(し)らずのうちに 자기도 모르게, 부지불식간에
寄(よ)せ付(つ)ける 다가오게 하다 嫌(きら)う 싫어하다, 미워하다
行動(こうどう) 행동 もしくは 혹은 去(さ)る 떠나다
間違(まちが)いない 틀림없다 一体(いったい) 도대체
煩(わずら)わしい 번거롭다 生(い)きる 살다
望(のぞ)ましい 바람직하다 自覚(じかく) 자각
ま(間)にあ(合)う 시간에 맞게 대다, 늦지 않다
脱(だっ)する 벗어나다 きっと 꼭, 반드시 新(あら)た 새로움
見(み)える 보이다

**50**

1 대해서는
**2 있어서는**
3 대신해서는
4 의거해서는
| 어휘 | か(代)わる 대신하다 もと(基)づく 의거하다, 기인하다

**51**

1 거들먹대는
2 거들먹대지 않는
**3 깨닫는**
4 깨닫지 않는
| 어휘 | 気取(きど)る 거들먹대다

**52**

1 되면 좋겠습니다
2 될 수밖에 없습니다
3 되기 어렵습니다
**4 될지도 모릅니다**
| 어휘 | 동사의 ます형+かねる ~하기 어렵다

**53**

**1 혹은**
2 아니나 다를까
3 억지로
4 마지못해
| 어휘 | あん(案)のじょう(定) 아니나 다를까
むりやり 억지로 いやいやながら 마지못해

**54**

1 때는 늦었습니다
**2 늦지 않습니다**
3 착각입니다
4 분별할 수 있습니다
| 어휘 | ておく(手遅)れ 때가 늦음, 때를 놓침
かんちが(勘違)い 착각 みわ(見分)ける 분별하다, 가리다

## 독해

### 問題 10

(1)

일본에서의 영어실력 향상은 글로벌 인재육성의 중요한 요소로, 교육분야뿐만 아니라 모든 분야에 공통되는 과제로 여겨지고 있다. 오랫동안 문법·독해 중심의 영어교육에서 실제로 사용할 수 있는 영어를 습득하는 영어교육으로 방향 전환해 갈 필요가 있다. 지금 요구되고 있는 것은 글로벌화된 사회에서 요구되는 국제공통어로서의 영어실력이다. 즉, 상대의 의도와 생각을 정확하게 이해할 수 있는 능력과 적극적으로 의사소통을 도모하여 신속하게 또한 논리적으로 필요한 것을 발언할 수 있는 능력이 필요한 것이다.

| 어휘 | ～における ～에서의, ～에 있어서의 *어떠한 일이 이루어지는 장소나 경우, 상황을 한정함 英語力(えいごりょく) 영어실력
向上(こうじょう) 향상 グローバル 글로벌
人材(じんざい) 인재 育成(いくせい) 육성
重要(じゅうよう) 중요 要素(ようそ) 요소 分野(ぶんや) 분야
～のみならず ～뿐만 아니라 すべ(全)て 전부, 모두, 모든 것
共通(きょうつう) 공통 課題(かだい) 과제
長(なが)らく 오랫동안, 오래 文法(ぶんぽう) 문법
読解(どっかい) 독해 中心(ちゅうしん) 중심
実際(じっさい)に 실제로 身(み)につける 몸에 익히다, 습득하다
方向(ほうこう) 방향 転換(てんかん) 전환
求(もと)める 요구하다 国際(こくさい) 국제 すなわち 즉
意図(いと) 의도 考(かんが)え 생각 的確(てきかく) 적확, 정확
能力(のうりょく) 능력 積極的(せっきょくてき) 적극적
コミュニケーション 커뮤니케이션, 의사소통
図(はか)る 도모하다 速(すみ)やか 신속함 かつ 동시에, 또한
論理的(ろんりてき) 논리적 発言(はつげん) 발언

**55** 이 글의 내용과 맞는 것은 어느 것인가?

1 지금까지의 일본의 영어교육은 의사소통 능력 향상이 중심이었다.
2 앞으로의 영어교육은 말하는 능력보다 독해력을 익히도록 해야 한다.
**3 독해력과 쓰는 능력보다 의사소통 능력 향상에 주력해야 한다.**
4 글로벌화된 사회를 위해서 국제공통어인 영어교육에 더욱 힘을 쏟아야 한다.

| 어휘 | つける (몸에) 붙이다, 익히다
～べきだ ～해야 한다
力(ちから)を注(そそ)ぐ 주력하다
力(ちから)を入(い)れる (하는 일에) 힘을 쏟다

(2)

요코하마 OFFICE 개설 알림

2019년 4월 1일(일)부터 요코하마역 바로 근처(동쪽출구 도보 3분)에 '요코하마 OFFICE'를 개설하고, 업무를 개시하게 되었기에 알려 드립니다. 그리고 요코하마 쓰루미 쇼룸은 계속해서 영업하고 있습니다.

요코하마 지역에서의 사업 확대를 위해 사원 일동, 이전보다 한층 더 노력을 해 나갈 생각이오니, 앞으로도 보살펴 주시기를 부탁드립니다.

【개 요】

명　칭 : 주식회사 원더라이프 요코하마 OFFICE
소재지 : 요코하마시 니시구 기타사이와이 11-233-456
　　　　ABC 요코하마 히가시구치빌딩 7층
T E L : 045-1234-5678
F A X : 045-5678-1234
개설일 : 2019년 4월 1일(일)

| 어휘 | 開設(かいせつ) 개설 知(し)らせ 알림, 통지, 공지
～より ～부터 *기점을 나타냄
最寄(もよ)り 가장 가까운 곳, 바로 근처
東口(ひがしぐち) 동쪽출구 徒歩(とほ) 도보
業務(ぎょうむ) 업무 開始(かいし) 개시, 시작
お+동사의 ます형+いたす ～해 드리다, ～하다 *겸양표현
知(し)らせる 알리다
ショールーム 쇼룸 引(ひ)き続(つづ)き 계속해서
営業(えいぎょう) 영업 エリア 지역 拡大(かくだい) 확대
～に向(む)けて ～을 위해 一同(いちどう) 일동
倍旧(ばいきゅう) 배전, 이전의 갑절 努力(どりょく) 노력
～てまいる ～해 나가다 *「～ていく」의 겸양표현
所存(しょぞん) 생각, 작정 今後(こんご)とも 앞으로도
愛顧(あいこ) 애고, 사랑하여 돌봄 賜(たまわ)る 주시다

**56** 이 알림의 내용으로 옳은 것은 무엇인가?

1 이 회사는 사업 확대를 위해 요코하마 쓰루미 쇼룸을 새로이 오픈한다.
2 이 회사는 2019년 4월 1일에 사무소 이전을 하게 되었다.
**3 이 회사의 새로운 사무소는 교통편이 매우 좋은 곳에 있다.**
4 이 회사는 2019년 4월 1일자로 영업을 중지하게 되었다.

| 어휘 | 移転(いてん) 이전 交通(こうつう)の便(べん) 교통편
非常(ひじょう)に 매우, 대단히
～をもって ～으로, ～로써 *일이 행해지는 때를 나타냄
中止(ちゅうし) 중지

(3)

후쿠오카에 있는 전파통신기술연구소는 고령자가 먼 곳에 있는 사람과 대화할 수 있는 로봇을 개발했다고 발표했다. 이름은 '텔레토모'로, 끌어안은 상태에서 전화처럼 통화할 수 있다.

텔레토모는 인간의 겉모습을 굳이 단순화한 외관으로, 고령자가 상대의 얼굴을 자유롭게 상상하면서 이야기하는 효과가 있다고 한다. 이 회사는 텔레토모의 개발로, 개호를 필요로 하는 고령자와 혼자 사는 고령자의 생활의 질 향상과 정서 안정, 건강의 유지 촉진의 실현 등 초고령 사회에 공헌하는 것을 지향하고 싶다고 하고 있다.

| 어휘 | 電波(でんぱ) 전파 通信(つうしん) 통신
技術(ぎじゅつ) 기술 研究所(けんきゅうじょ) 연구소
高齢者(こうれいしゃ) 고령자 遠方(えんぽう) 먼 곳
対話(たいわ) 대화 発表(はっぴょう) 발표
抱(だ)きかか(抱)える 끌어안다, 껴안다 状態(じょうたい) 상태
通話(つうわ) 통화 外見(がいけん) 외견, 겉모습 あえて 굳이

単純化(たんじゅんか) 단순화 外観(がいかん) 외관
想像(そうぞう) 상상 効果(こうか) 효과
要介護(ようかいご) 개호를 필요로 함 *「介護(かいご)」(개호) – 환자나 노약자 등을 곁에서 돌보는 것
一人暮(ひとりぐ)らし 혼자서 삶 質(しつ) 질
情緒(じょうしょ) 정서 維持(いじ) 유지 促進(そくしん) 촉진
実現(じつげん) 실현 貢献(こうけん) 공헌
目指(めざ)す 지향하다, 목표로 하다

**57** 텔레토모에 대해서 옳은 것은 어느 것인가?

1 텔레토모는 인공두뇌를 갖춘 로봇이다.
2 텔레토모의 모습은 아이와 꼭 닮아서 매우 귀엽다.
**3 텔레토모는 노인분의 생활을 서포트해 줄 것이라고 기대할 수 있다.**
4 텔레토모는 로봇이라서 고령자의 정서 안정 효과는 기대할 수 없다.
| 어휘 | 人工(じんこう) 인공 頭脳(ずのう) 두뇌
備(そな)える 갖추다 姿(すがた) (사람의) 모습 そっくり 꼭 닮음
年寄(としよ)り 노인 サポート 서포트

(4)

지금 캠핑카가 붐이 되고 있다.
일본 RV협회에 따르면 2014년도 캠핑카 판매액은 322억 엔으로 전년도를 4% 웃돌아, 2005년도 이후로 최고가 되었다고 한다. 경제적으로 여유가 있는 중노년층에게는 TV와 전자레인지, 냉난방 등의 장비를 갖춘 고가격 모델이 인기다. 보급이 진행되는 배경에는 차내 숙박에 대응한 주차장이 늘어난 점이 있다. 전원이나 화장실 등을 갖춰서 일정 기간 체류가 가능하다. 게다가 냉난방이 잘 되는 방 같은 공간에서 여행을 즐길 수 있으며, 또한 캠핑장에서 텐트를 치는 수고 등을 덜 수 있는 것도 큰 장점이라고 할 수 있다.

| 어휘 | キャンピングカー 캠핑카 ブーム 붐
協会(きょうかい) 협회 ~によると ~에 의하면, ~에 따르면
売上高(うりあげだか) 판매액, 매상고
前年度(ぜんねんど) 전년도 上回(うわまわ)る 웃돌다, 상회하다
以降(いこう) 이후 最高(さいこう) 최고 余裕(よゆう) 여유
中高年層(ちゅうこうねんそう) 중노년층
冷暖房(れいだんぼう) 냉난방 装備(そうび) 장비
備(そな)える 갖추다 普及(ふきゅう) 보급 進(すす)む 진행되다
背景(はいけい) 배경 車中泊(しゃちゅうはく) 차내 숙박
対応(たいおう) 대응 増(ふ)える 늘다, 증가하다
電源(でんげん) 전원 一定(いってい) 일정 期間(きかん) 기간
滞在(たいざい) 체재, 체류 可能(かのう) 가능
効(き)く 듣다, 효과가 있다 空間(くうかん) 공간 旅(たび) 여행
キャンプ場(じょう) 캠핑장 テントを張(は)る 텐트를 치다
手間(てま)を省(はぶ)く 수고를 덜다 メリット 장점

**58** 캠핑카가 붐이 된 이유가 아닌 것은 어느 것인가?

**1 캠핑카를 적당한 가격으로 구입할 수 있게 된 것**
2 캠핑카를 이용하면 편하게 캠핑을 즐길 수 있는 것
3 캠핑카 채로 묵을 수 있는 주차장이 증가한 것
4 캠핑카의 설비가 차 안에서 묵을 수 있게끔 좋아진 것
| 어휘 | リーズナブル 리즈너블, (가격 등이) 적당함, 비싸지 않음
値段(ねだん) 가격 購入(こうにゅう) 구입 楽(らく)に 편하게
~まま (그 상태) 그대로, ~채 泊(と)まる 묵다, 숙박하다
増加(ぞうか) 증가 設備(せつび) 설비

(5)

인간과 침팬지와는 어느 쪽이 원시적일까? 당연히 침팬지 쪽이라고 생각되기 쉽지만, 손에 한해서는 인간이 침팬지보다 원시적이라고, 미국의 A대 연구팀이 이달, 과학지 네이처 커뮤니케이션즈에 발표했다.
이 연구팀은 인간과 침팬지의 손과 약 800만 년 전에 있었던 것으로 추정되는 쌍방의 공통 조상의 손을 비교했다. 그 결과, 침팬지는 엄지손가락 이외의 손가락이 길어졌는데 인간의 손은 거의 똑같았다. 공통 조상은 나무 위에서 생활하고 있었던 것으로 생각되는데, 주로 나무 위에서 생활을 계속한 침팬지는 가지에 매달리기 쉽도록 손가락을 길게 한 반면, 인간은 이족보행 생활로 옮아갔기 때문에 손을 변화시키는 중요성이 떨어진 것이라고 추측할 수 있다.

| 어휘 | 人間(にんげん) 인간 原始的(げんしてき) 원시적
当然(とうぜん) 당연
동사의 ます형+がちだ 자주 ~하다, (자칫) ~하기 쉽다
~に限(かぎ)って ~에 한해 科学誌(かがくし) 과학지
推定(すいてい) 추정 双方(そうほう) 쌍방
共通(きょうつう) 공통 祖先(そせん) 선조, 조상
比(くら)べる 비교하다 親指(おやゆび) 엄지손가락
ほとんど 거의, 대부분 樹上(じゅじょう) 수상, 나무 위
主(おも)に 주로 続(つづ)ける 계속하다 枝(えだ) 가지
ぶら下(さ)がる 매달리다 동사의 ます형+やすい ~하기 쉽다
反面(はんめん) 반면, 한편 二足歩行(にそくほこう) 이족보행
移(うつ)る 옮아가다 変化(へんか) 변화
下(さ)がる (지위·기능 등이) 떨어지다 推測(すいそく) 추측

**59** 추측할 수 있다라고 쓰여 있는데, 어떤 추측인가?

1 왜 인간보다 침팬지 쪽이 원시적인 것인가
**2 왜 인간의 손은 진화하지 않고 공통 조상의 손 그대로인 것인가**
3 왜 침팬지는 아직도 나무 위에서 생활하고 있는 것인가
4 왜 인간은 나무 위 생활을 그만두고 이족보행 생활로 옮아간 것인가
| 어휘 | ~ず(に) ~하지 않고, ~하지 말고 いまだに 아직도
止(や)める 그만두다

## 問題 11

(1) **60-62**

유치원에서 부모 동반 소풍으로, 5월 18일에 디즈니랜드에 갈 예정인데, 날씨가 아무래도 미묘해서 걱정스럽다. 유치원 소풍은 올해가 마지막이고, 즐거운 추억을 많이 만들 수 있으면 좋으련만 비만은…, 이라며 주간예보를 보면서 일희일우하는 매일이다.
나의 학창 시절에는 소풍의 재미라고 하면 역시 친구와 함께 먹는 도시락이었다. 그런데 요전에 본 잡지 기사에 의하면 요즘 아이들은 좀 다른 것 같아서 친구와 보내는 시간이 가장 큰 즐거움이라고 한다.
온화한 초여름 날씨가 계속되는 요즘. 초중학교에서는 이 시기에 소풍을 실시하는 학교도 많다. 그래서 어느 교육정보 사이트에서는 중학생 보호자를 대상으로 '자녀분은 소풍을 기대하고 있습니까? 어떤 식으로?'라는 주제의 온라인 투표를 실시하여 3,215명으로부터 회답을 얻었다.

'자녀분은 소풍을 기대하고 있습니까?'라는 질문에 대해 '기대하고 있다'고 답한 보호자는 약 65%였다. '기대하고 있지 않다'는 약 10%로, 나머지 약 25%는 '모르겠다'고 회답했다.

다음은 '기대하고 있는' 이유인데, 가장 많았던 것은 '친구와 어딘가에 가는 것 자체가 즐겁다. 추억이 되고 새로운 친구가 생기는 계기도 된다'라는 답이었다. 특히 1학년의 경우는 친구 만들기를 위해서라도 빨리 가고 싶은 듯하며, '어쨌든 친구와 함께 하루 종일 보낼 수 있는 것이 기쁜 것 같다' 등. 대부분이 '친구와의 시간'을 기대하고 있는 것 같다.

한편으로 10% 정도 있는 '기대하고 있지 않은' 중학생의 이유에 가장 많았던 것은 '아주 귀찮아하는 것 같다'였다. 그리고 '소풍을 가는 건 좋은 것 같은데 다녀온 후의 작문 등이 싫은 듯함'이라는 대답도 눈에 띈다. 초등학교와는 달리 중학교에서는 집단행동이 많고, 사전조사와 그 후의 리포트가 귀찮다고 한다. 단순히 놀러 가는 것이 아니라 어디까지나 학습의 일환이라는 것에 기인하여 '귀찮음'이라는 의견이 대부분을 차지하고 있는 것 같다.

| 어휘 | 幼稚園(ようちえん) 유치원
親子遠足(おやこえんそく) 부모 동반 소풍 どうも 아무래도
微妙(びみょう) 미묘 最後(さいご) 최후, 마지막
思(おも)い出(で) 추억 ～のに ~텐데, ~련만
週間(しゅうかん) 주간 予報(よほう) 예보
一喜一憂(いっきいちゆう) 일희일우, (상황의 변화에 따라) 기뻐했다 근심했다 함 楽(たの)しみ 즐거움, 재미 が 그런데, 하지만
先日(せんじつ) 요전 記事(きじ) 기사 今頃(いまごろ) 요즘
違(ちが)う 다르다 過(す)ごす (시간을) 보내다
穏(おだ)やか 온화함 初夏(しょか) 초여름 陽気(ようき) 날씨
続(つづ)く 계속되다 小中学校(しょうちゅうがっこう) 초중학교
時期(じき) 시기 行(おこな)う 실시하다
保護者(ほごしゃ) 보호자 対象(たいしょう) 대상
お子(こ)さま 자녀분 楽(たの)しむ 기대하다
投票(とうひょう) 투표 実施(じっし) 실시 回答(かいとう) 회답
得(え)る 얻다 残(のこ)り 나머지 自体(じたい) 자체
できる 생기다 きっかけ 계기 答(こた)え 대답
명사+づく(作)り ~만들기 とにかく 어쨌든
一日中(いちにちじゅう) 하루 종일 一方(いっぽう) 한편
面倒(めんどう)くさい 아주 귀찮다, 몹시 성가시다
出(で)かける 외출하다, 나가다 作文(さくぶん) 작문
目立(めだ)つ 눈에 띄다, 두드러지다 集団(しゅうだん) 집단
事前(じぜん) 사전 面倒(めんどう) 귀찮음, 성가심
～わけではない ~인 것은[것이] 아니다 あくまで 어디까지나
学習(がくしゅう) 학습 一環(いっかん) 일환 起因(きいん) 기인
占(し)める 차지하다

**60** 이 사람은 왜 일희일우하는 매일을 보내고 있는 것인가?

**1 모처럼의 부모 동반 소풍이 비 때문에 엉망이 될지도 모르기 때문에**
2 부모 동반 소풍을 가는 것은 오랜만인데, 비 때문에 좋은 추억을 만들 수 있을 것 같기 때문에
3 요즘 일기예보는 대부분 빗나가서 믿을 수 없기 때문에
4 부모 동반 소풍을 가는 것은 올해가 마지막인데, 소풍날이 비 예보이기 때문에

| 어휘 | 送(おく)る (세월을) 보내다, 지내다
台無(だいな)し 엉망이 됨 天気予報(てんきよほう) 일기예보
外(はず)れる 빗나가다, 빗맞다
当(あ)てにならない 믿을 수 없다

**61** 요즘 중학생의 소풍에 내한 생각으로 옳은 것은 어느 것인가?

1 부모 동반으로 소풍을 가는 것 자체가 즐거움이다.
2 소풍의 가장 큰 즐거움은 친구와 함께 먹는 도시락이다.
3 소풍의 행선지는 디즈니랜드 같은 유원지가 좋다.
**4 소풍은 새로운 친구를 만드는 좋은 기회다.**

| 어휘 | 仲間(なかま) 동료, 친구 行(い)き先(さき) 행선지
遊園地(ゆうえんち) 유원지 機会(きかい) 기회

**62** 이 글의 내용과 맞는 것은 어느 것인가?

1 소풍날 비가 오면 즐거운 추억을 만들 수 없다고 걱정하는 중학생이 많다.
**2 요즘 중학생은 소풍을 친구와의 교제로써 받아들이고 있는 것 같다.**
3 다녀온 후의 과제 등으로, 소풍을 기대하고 있는 중학생이 많다.
4 요즘 중학생의 대부분은 소풍을 가는 것은 귀찮아하고 있는 것 같다.

| 어휘 | 友人(ゆうじん) 친구 付(つ)き合(あ)い 교제
捉(とら)える 파악하다, 받아들이다 課題(かだい) 과제
～がる ~(해) 하다

(2) **63-65**

여러분의 가까운 곳에 있는 비만한 사람은 어떤 사람일까? 누구나가 좋아서 살찌는 것은 아니라고 생각하지만, 살찌는 데에는 원인이 있는 것은 확실할 것이다. 먹는 것을 너무 좋아하는데 전혀 운동하지 않는 사람도 있고, 유전적으로 살찌기 쉬운 체질인 사람도 있지만, 비만한 사람에게 보이는 공통된 특징과 성격이 있다.

우선 귀차니스트가 많다. 일상생활 속에서 정리를 못하는 귀차니즘인 사람은 살찌기 쉽다. 방이 지저분하고 정리를 못하는 사람은 자신의 식생활과 몸 상태 관리를 못하는 것이 가장 큰 원인일 것이다.

또한 낙관적인 사람은 매사를 긍정적으로 받아들이기 쉬워서 자신이 살쪄도 건강이 좋지 않아도 신경 쓰지 않는 경우가 많다. 요컨대 자신을 비만이라고 생각하고 있지 않을 것이다. 요즘은 체형을 잘 커버해 주는 패션도 유행하고 있어서인지, 체중의 증감 따위 신경 쓰지 않는다.

그리고 참지를 못하는 사람. 식사 제한도 운동도 안 되고 배가 고프면 시간 따위 관계없이 간식을 먹는다. 다이어트에 다소의 자제는 으레 따르기 마련이라고 생각한다. 자신을 제어 못하는데 비만화를 제어할 수 있을 리가 없다.

대부분의 비만은 자기 관리 부족인 것은 사실일 것이다. 갑자기 격렬한 다이어트를 시작해도 지속되지 않을 가능성이 높기 때문에 우선은 작은 목표를 세우고 정한 것(예를 들면 귀가할 때 역을 하나 앞에서 내려서 걷는다든가, 19시 이후에는 먹지 않는 등)을 가능한 한 오래 계속할 수 있는 것부터 시작하는 편이 좋다. 격렬한 운동을 하지 않더라도 바지런히 몸을 움직이는 습관을 들이면 그것만으로 살찌지 않는 체질이 될 것이라고 생각한다.

다이어트를 시작할 것이라면 자신의 성격과 특징에 대해서 잘 생각하고 나서 행동에 옮기자.

| 어휘 | 身近(みぢか) 밀접함, 가까움 肥満(ひまん) 비만
太(ふと)る 살찌다 ~わけだ ~인 것이다, ~셈이다
原因(げんいん) 원인 確(たし)か 확실함, 분명함
大好(だいす)き 매우 좋아함 まった(全)く 전혀
~も~ば~も ~도 ~하고 ~도 体質(たいしつ) 체질
特徴(とくちょう) 특징
面倒(めんどう)くさがり屋(や) (매사에) 귀찮아하는 사람, 귀차니스트 片付(かたづ)け 정리 面倒(めんどう)くさがり 귀차니즘
片付(かたづ)ける 정리하다 食生活(しょくせいかつ) 식생활
体調(たいちょう) 몸 상태, 컨디션 管理(かんり) 관리
楽観的(らっかんてき) 낙관적 物事(ものごと) 매사
ポジティブ 적극적, 긍정적 捉(とら)える 파악하다, 받아들이다
동사의 ます형+がちだ 자주 ~하다, (자칫) ~하기 쉽다
不健康(ふけんこう) 건강하지 않은 것 気(き)にする 신경 쓰다
要(よう)するに 요컨대 体型(たいけい) 체형 カバー 커버
流行(はや)る 유행하다 体重(たいじゅう) 체중
増減(ぞうげん) 증감 ~なんて ~따위 我慢(がまん) 참음
制限(せいげん) 제한 お腹(なか)が空(す)く 배가 고프다
間食(かんしょく)をとる 간식을 먹다 多少(たしょう) 다소
つきもの 으레 따르기 마련인 것 制御(せいぎょ) 제어
~わけがない ~일[할] 리가 없다 自己(じこ) 자기
事実(じじつ) 사실 いきなり 갑자기 始(はじ)める 시작하다
可能性(かのうせい) 가능성 小(ちい)さな 작은
目標(もくひょう)を立(た)てる 목표를 세우다
決(き)める 정하다, 결정하다 手前(てまえ) (바로) 앞
降(お)りる (탈것에서) 내리다 できるだけ 가능한 한, 되도록
こまめ 바지런함 体(からだ)を動(うご)かす 몸을 움직이다
習慣(しゅうかん)をつける 습관을 들이다 体質(たいしつ) 체질
移(うつ)す 옮기다

**63** 필자가 생각하는 비만의 가장 큰 원인은 무엇인가?

1 유전적으로 살찌기 쉬운 체질이다.
2 단 간식을 과식하는 것이다.
3 다이어트를 할 마음이 없는 것이다.
**4 몸을 움직이는 것이 귀찮다.**

| 어휘 | 遺伝的(いでんてき) 유전적 おやつ 간식
동사의 ます형+すぎる 너무 ~하다 気(き)がない 할 마음이 없다
おっくう 귀찮음, 내키지 않음

**64** 체중의 증감 따위 신경 쓰지 않는다라고 쓰여 있는데, 어째서인가?

1 전체적으로 보아, 비만한 사람에게 은둔형 외톨이가 많아서
**2 자신은 살쪘다는 자각을 갖고 있지 않아서**
3 자신의 건강에는 아무런 문제도 없다고 생각하고 있어서
4 체형을 가려 주는 옷이 간단히 손에 들어와서

| 어휘 | 全体的(ぜんたいてき) 전체적
引(ひ)きこもり 은둔형 외톨이 自覚(じかく) 자각
何(なん)の 아무런 隠(かく)す 감추다, 숨기다
手(て)に入(はい)る 손에 들어오다, 입수하다

**65** 이 글의 내용과 맞는 것은 어느 것인가?

1 비만은 가족력과는 그다지 관계없는 것 같다.
2 긍정적인 사고를 가진 사람에게는 비만한 사람이 적다.
**3 부지런히 몸을 움직이는 사람에게는 비만한 사람이 적다.**
4 비만은 자기 관리만으로 어떻게든 된다.

| 어휘 | 家族歴(かぞくれき) 가족력
肯定的(こうていてき) 긍정적 思考(しこう) 사고, 생각
持(も)ち主(ぬし) 소유자 せっせと 열심히, 부지런히
どうにか 어떻게든

(3) **66-68**

근처에 도야마조시공원이 있는데, 아버지는 이 공원에서의 산책을 일과로 하고 있다. 요전에 아버지는 '요즘 까마귀가 너무 늘어났더라, 도대체 관청은 뭘하고 있는 건지···, 공원이 까마귀 기지처럼 되었어'라고 말했다. 그래서 퇴근길에 잠깐 들여다봤는데, 그 수가 엄청나서 정말로 깜짝 놀랐다.

까마귀 수가 늘어난 것은 이 동네만은 아닌 듯, 많은 자치단체에게 있어서 골칫거리가 되고 있는데 도야마시는 시가지의 까마귀 대책에 대해서 쫓아내기 중시에서 포획 중시로 전환한다고 발표했다.

금년도는 전년도보다 세 배나 많은 2,700만 엔의 예산을 계상하여 포획 전용 우리를 증설한다. 시민과 관광객들이 많이 방문하고 있는 도야마조시공원 등에서 울음소리와 똥의 피해가 계속되는 가운데, 포획 강화에 의해 까마귀 개체수의 감소를 기대한다고 한다.

소굴이 된 이 공원을 둘러싼 나무들과 주변 건물에는 일몰 무렵 까마귀가 무리를 지어 큰 울음소리가 울려 퍼진다. 시민들은 입을 모아, '까마귀의 큰 무리가 있는 것 이외에는 좋은 공원인데···, 어린 아이를 데리고 온 사람은 무섭겠지'라고 이야기하고 있다.

도야마시는 지금까지 큰 파열음을 내거나 LED조명의 빛 등을 비추거나 해서 까마귀의 접근을 막는 '쫓아내기'에 중점을 두어 왔다. 그러나 관광객과 주민의 통행량이 많은 도야마조시공원과 도야마현청 앞의 공원 주변이 까마귀 소굴이 되어 있는 현재 상태에 변화는 없고, 보도 여기저기에 똥이 떨어져서 악취를 풍기는 경우도 있다.

도야마시는 이미 2006년도에 포획 작전을 한 적이 있다. 조사에 따르면 시내의 까마귀 서식수는 2008년도의 약 9,200마리에서 2016년도에는 약 3,300마리로 감소했다. 결국 도야마시는 역시 쫓아내기보다 포획 쪽이 효과가 높다고 판단하고, 다시 포획 작전을 강화하기로 했다.

한편 전문가는 까마귀는 작은 동물의 사체를 먹어서 거리를 깨끗하게 유지하는 역할도 갖고 있으므로, 균형을 잡으면서 대책을 진행해 주기를 바란다고 말하고 있다.

| 어휘 | 近所(きんじょ) 근처, 부근 日課(にっか) 일과
カラス 까마귀 いったい(一体) 도대체
役所(やくしょ) 관청, 관공서 基地(きち) 기지
仕事帰(しごとがえ)り 퇴근길 のぞ(覗)く 들여다보다
数(かず) 수 半端(はんぱ)ではない 장난 아니다, 엄청나다
びっくり 깜짝 놀람 町(まち) 마을 自治体(じちたい) 자치단체
悩(なや)みの種(たね) 골칫거리 市街地(しがいち) 시가지
対策(たいさく) 대책
追(お)い払(はら)い (귀찮거나 방해되는 것을) 쫓아버림, 내쫓음
重視(じゅうし) 중시 捕獲(ほかく) 포획
切(き)り替(か)える 새로[달리] 바꾸다, 전환하다
今年度(こんねんど) 금년도 予算(よさん) 예산
計上(けいじょう) 계상, 전체 중에서 특정 사물을 계산하여 올림
専用(せんよう) 전용 おり (짐승의) 우리 増設(ぞうせつ) 증설
市民(しみん) 시민 観光客(かんこうきゃく) 관광객 ~ら ~들
訪(おとず)れる 방문하다 鳴(な)き声(ごえ) (새 등의) 울음소리

ふん(糞) 똥 被害(ひがい) 피해 強化(きょうか) 강화
個体数(こたいすう) 개체수 減少(げんしょう) 감소 ねぐら 소굴
囲(かこ)む 둘러싸다 木々(きぎ) 나무들 周辺(しゅうへん) 주변
日没(にちぼつ) 일몰 群(む)れをな(成)す 무리를 짓다
響(ひび)き渡(わた)る 울려 퍼지다 口(くち)を揃(そろ)える 입을 모으다, 여러 사람이 동시에 같은 말을 하다
大群(たいぐん) 큰 무리 連(つ)れる 데리고 오[가]다
破裂音(はれつおん) 파열음 光(ひかり)を当(あ)てる 빛을 비추다
接近(せっきん) 접근 防(ふせ)ぐ 막다 重点(じゅうてん) 중점
県庁(けんちょう) 현청 *우리나라의 도청에 해당함
現状(げんじょう) 현상, 현재 상태
悪臭(あくしゅう)を放(はな)つ 악취를 풍기다 すでに 이미
作戦(さくせん) 작전 生息(せいそく) (동물의) 서식
小動物(しょうどうぶつ) 작은 동물 死骸(しがい) 사체
街(まち) 거리 保(たも)つ 유지하다 役割(やくわり) 역할
バランスを取(と)る 균형을 잡다

**66** 정말로 깜짝 놀랐다라고 쓰여 있는데, 어째서인가?

1 공원 측에서 일부러 까마귀를 위한 기지를 만들어 두었기 때문에
**2 공원에서 무리를 짓고 있는 까마귀 수가 너무나도 많았기 때문에**
3 아버지가 이 공원에서의 산책을 일과로 삼고 있는 것을 처음 알았기 때문에
4 까마귀가 무리를 지어서 공원의 하늘을 날아다니고 있기 때문에
| 어휘 | わざわざ 일부러 あまりにも 너무나도
初(はじ)めて 처음 飛(と)び回(まわ)る 날아다니다

**67** 어째서 도야마시는 까마귀 대책을 쫓아내기에서 포획 중시로 전환했는가?

1 효과는 별 차이가 없지만, 포획 쪽이 비용이 싸게 먹히기 때문에
**2 쫓아내기보다 포획 쪽이 좀 더 결과를 낼 수 있었던 과거 실증이 있기 때문에**
3 공원에서 까마귀 무리를 보고 무서워하는 시민과 아이가 많기 때문에
4 도야마시의 현재 상태를 보면 쫓아내기보다 포획 쪽이 맞기 때문에
| 어휘 | 上(あ)がる (비용이) 들다, 먹히다 過去(かこ) 과거
実証(じっしょう) 실증 ~がる ~(해) 하다

**68** 이 글의 내용으로 맞는 것은 어느 것인가?

1 일본 전체를 보면 까마귀 개체수는 격감하고 있다고 할 수 있다.
2 많은 자치단체에서는 까마귀 무리를 관광 재료로 팔려고 하고 있다.
**3 자치단체에서 까마귀를 구제하는 이유로 위생문제도 들 수 있다.**
4 까마귀는 긍정적 측면은 전혀 갖고 있지 않아서 전부 구제해야 한다.
| 어휘 | 激減(げきげん) 급감 材料(ざいりょう) 재료
売(う)り込(こ)む (잘 선전해서) 팔(려고 하)다
駆除(くじょ) 구제, 해충 따위를 몰아내어 없애 버림
衛生(えいせい) 위생 挙(あ)げる (예로서) 들다
肯定的(こうていてき) 긍정적 側面(そくめん) 측면
一切(いっさい) 전혀 ~ず ~하지 않아서

## 問題 12

**69-70**
어러분은 (중·고교) 학생의 교복에 내해서 어떻게 생각하십니까?

A

교복은 아침 준비가 편하다. 그러나 사복의 경우에는 매일 코디네이트를 생각해야 한다. 특히 여자 아이라면 매일 코디네이트에 골치를 앓는 일도 많을 것이다. 조금이라도 옷 잘 입는 아이로 보이고 싶다, 귀엽게 보이고 싶다고 생각하는 법이다. 그러나 교복의 경우, 코디네이트를 생각할 필요가 없다. 즉, 복장을 생각하는 수고를 덜 수 있다. 게다가 가계 부담의 경감도 되어 경제적이고, 일년 내내 입을 수 있다. 교복을 입고 있을 때에는 빈부의 차도 느끼지 않게 하며, 매일 똑같은 차림으로 학교에 올 수 있다. 모두 똑같으므로 혼자만 겉돌 일도 없다. 복장에 관해서 만큼은 아이들은 모두 평등해지는 것이다.

| 어휘 | 生徒(せいと) (중·고교) 학생 制服(せいふく) 제복, 교복
ところが 그런데 私服(しふく) 사복 コーディネート 코디네이트
~なければならない ~하지 않으면 안 된다, ~해야 한다
特(とく)に 특히 頭(あたま)を悩(なや)ませる 골치를 앓다
おしゃれ 멋쟁이 ~ものだ ~하는 법이다 つまり 즉
服装(ふくそう) 복장 手間(てま) 수고 省(はぶ)く 줄이다, 덜다
家計(かけい) 가계 負担(ふたん) 부담 軽減(けいげん) 경감
~を通(つう)じて ~을 통해서, ~내내
貧富(ひんぷ)の差(さ) 빈부의 차 格好(かっこう) 모습, 모양, 차림
浮(う)く 뜨다, 겉돌다 平等(びょうどう) 평등

B

교복을 입히는 가장 큰 목적은 규율을 잘 지키는 인간을 육성하기 위해서다. 그러나 교복을 입혔다고 해서 반드시 규율을 잘 지키는 인간으로 자랄 것이라고는 생각하지 않는다. 그리고 학생 관리를 용이하게 하기 위해서 입히는 것이 교복이다. 더욱이 교복은 모두 같기 때문에 한 사람 한 사람의 개성이 사라진다. 그런데 사복이라면 자신에게 어울리는 옷을 입고 학교에 갈 수 있기 때문에 자신의 개성을 소중히 하고 상대와의 차이를 인정한다는 환경을 만들 수 있다. 또한 치마를 싫어하는 여자 아이도 있는데, 사복이라면 문제는 없다. 더욱 현실적인 문제는 교복은 매일 같은 것을 입으므로 비위생적이다. 또한 체온 조절을 하기 어렵다는 문제도 있다. 교복이 있는 학교는 계절에 따라 교복을 갈아입는 기간이 있는데, 이 기간이 오지 않으면 마음대로 반팔을 입거나 긴팔을 입거나 할 수 없다. 추울 때 더울 때의 조정을 하기 힘든 것이 교복의 단점이 아닐까?

| 어휘 | 規律(きりつ) 규율 正(ただ)しい 법·규칙 등을 준수하다
育(そだ)てる 육성하다 ~からと言(い)って ~라고 해서
必(かなら)ずしも~ない 반드시[꼭] ~인 것은 아니다
育(そだ)つ 자라다 ~とは ~라고는 管理(かんり) 관리
容易(ようい) 용이, 손쉬움 個性(こせい) 개성 失(うしな)う 잃다
私服(しふく) 사복 似合(にあ)う 어울리다
大切(たいせつ) 소중함 違(ちが)い 차이 認(みと)める 인정하다
環境(かんきょう) 환경 現実的(げんじつてき) 현실적
不衛生(ふえいせい) 위생적이 아님, 비위생적
体温(たいおん) 체온 調節(ちょうせつ) 조절
しにくい 하기 어렵다[힘들다]

衣替(ころもが)え 계절 따라 옷을 갈아입음 期間(きかん) 기간
勝手(かって) 마음대로임 半袖(はんそで) 반소매, 반팔
長袖(ながそで) 긴소매, 긴팔 調整(ちょうせい) 조정
デメリット 단점

**69** A와 B의 필자는 교복에 대해서 뭐라고 말하고 있는가?

1 A는 교복의 장점과 단점에 대해서 말하고 있고, B는 교복의 단점만 말하고 있다.
**2 A는 주로 교복의 장점에 대해서 말하고 있고, B는 주로 교복의 단점에 대해서 말하고 있다.**
3 A도 B도 교복에 찬성으로, 교복의 장점과 단점을 말하면서 교복을 입혀야 한다고 말하고 있다.
4 A도 B도 교복에 반대로, 교복의 장점과 단점을 말하면서 교복을 입혀서는 안 된다고 말하고 있다.
| 어휘 | 筆者(ひっしゃ) 필자 何(なん)と 뭐라고
長所(ちょうしょ) 장점 短所(たんしょ) 단점 主(おも)に 주로
賛成(さんせい) 찬성 反対(はんたい) 반대

**70** A와 B의 공통된 내용으로 옳은 것은 무엇인가?

1 교복은 위생에 문제가 있다.
2 교복 쪽이 사복보다 싸게 먹힌다.
3 사복은 계절에 맞춘 코디네이트를 할 수 있다.
**4 교복은 매일 입는 것이다.**
| 어휘 | 上(あ)がる (비용이) 들다, 먹히다 季節(きせつ) 계절
合(あ)わせる 맞추다

## 問題 13

**71-73**

여러분은 이제 사용하지 않게 된 불용품을 어떻게 처리하고 있는가?

사용하지 않게 된 가전이나 옷 등을 택배 매입 서비스나 인터넷 옥션 등에서 매각하면 가계의 보탬이 된다. 또한 구입 시에도 이용하면 비용을 절약할 수 있다. 소비생활 조언자는 '각각에 특징이 있어서 상품에 따라 잘 가려 쓰면 좋다'고 이야기한다.

나도 지인에게 권유받아서 약 3년 전부터 인터넷 옥션의 '야후 오크!'를 이용하고 있는데, 지금까지 컴퓨터용 모니터와 냉장고 등의 가전제품을 매각한 적이 있다. 화면이 파손되어 나오지 않게 된 50인치 TV를 판 적도 있는데, 고장 난 폐물이라도 팔 수 있어서 놀랐다.

TV와 냉장고 등의 가전은 폐기하는 데도 수천 엔의 재활용비가 든다. 매각할 수 있으면 재활용비를 절약할 수 있는 데다가, 매각 수입도 얻을 수 있다. ①일석이조란 바로 이런 것이라고 감탄하고 있다.

그리고 여성의 옷장에 잠자는 옷과 구두, 백을 묶어서 파는 경우도 있다고 한다. 지인은 '의외로 팔 수 있는 물건은 많다. 사용하지 않는 물건은 어쨌든 내놓아 봐'라고 이야기해 주었다.

또한 구입에서도 양판점의 절반 이하의 가격으로, 새것이나 다름없는 중고품을 구입한 적이 있다. 전부터 갖고 싶었던 진공관 라인 앰프 외 4점을 총액 3,000엔으로 구입했는데, 새것이라면 총액으로 적어도 만 엔 이상은 하는 제품이었다.

중고품 구입을 망설이는 사람의 대부분이 품고 있는 불안은 '흠집이나 얼룩이 있거나 고장 나 있거나 할 가능성도 있다', '구형 가전은 구입 후 바로 고장 나 버리는 것은 아닌가', '만약 사기라면…'과 같은 것일 것이다. 그래서 나는 직접 만나서 중고품을 손에 들고 확인하기로 하고 있다. 중고품 구입 시에 가장 중요한 것은 역시 제대로 작동하는가 라는 점. 그리고 흠집과 얼룩 등을 확인. ②이 과정을 거치고 나서 구입을 결정하기로 하고 있다.

게다가 여성의 경우에는 제품을 인수할 때 물건을 내놓은 사람을 직접 만난다는 것이 불안하다는 사람도 많다. 그중에는 별난 사람도 있을지도 모르니까. 여성이라면 우선 약속 장소와 일시를 정할 때 공공시설, 예를 들면 역이나 번화가 등, 사람 눈에 띄기 쉬운 장소에서 만나기를 권해 드린다. 그리고 혼자서 가지 말고, 가족이나 친구에게 따라가 달라고 하자. 또한 구입품에 관한 어느 정도의 지식을 갖고 있는 사람과 함께라면 더욱 좋다. 이렇게 하면 중고품이라도 안심하고 안전하게 구입할 수 있다고 생각한다.

| 어휘 | 不用品(ふようひん) 불용품, 안 쓰는 물건
処理(しょり) 처리 家電(かでん) 가전
洋服(ようふく) (서양식) 옷 宅配(たくはい) 택배
買(か)い取(と)り 매입 インターネットオークション 인터넷 옥션, 인터넷상에서 하는 경매 売却(ばいきゃく) 매각
家計(かけい) 가계 助(たす)け 도움, 보탬 利用(りよう) 이용
費用(ひよう) 비용 節約(せつやく) 절약 消費(しょうひ) 소비
アドバイザー 조언자 特徴(とくちょう) 특징
使(つか)い分(わ)ける 가려 쓰다 知人(ちじん) 지인
勧(すす)める 권하다 画面(がめん) 화면 破損(はそん) 파손
映(うつ)る (영상으로) 비치다 ～型(がた)テレビ ～인치 TV
壊(こわ)れる 고장 나다 ジャンク品(ひん) 폐물
驚(おどろ)く 놀라다 廃棄(はいき) 폐기
数(すう)～ 수～ *서넛 또는 대여섯의 수를 막연히 나타내는 말
リサイクル料(りょう) 재활용비 かかる (비용이) 들다
～上(うえ)に ～한 데다가 一石二鳥(いっせきにちょう) 일석이조
～とは ～라는 것은, ～란 まさに 바로, 틀림없이
感心(かんしん) 감탄 クローゼット (옷 등을 수납하기 위한) 장
眠(ねむ)る 잠자다, 활용되지 않다 もとめる 한데 모으다
量販店(りょうはんてん) 양판점, 대량 판매점
半分(はんぶん) 절반 新品(しんぴん) 신품, 새것
同様(どうよう) 같은 모양, 마찬가지임
中古品(ちゅうこひん) 중고품 真空管(しんくうかん) 진공관
ほか 외 総額(そうがく) 총액 少(すく)なくとも 적어도
製品(せいひん) 제품 ためらう 망설이다
抱(いだ)く (머리로) 품다 不安(ふあん) 불안 キズ 흠집
汚(よご)れ 얼룩 型落(かたお)ち 전자제품·통신기기 등에서 새로운 형식이 나와서 구형이 되는 것 詐欺(さぎ) 사기
～といった ～와 같은 手(て)に取(と)る 손에 들다
大事(だいじ) 중요함 ちゃんと 확실히, 제대로
動作(どうさ) 동작, 기계의 작동·움직임 過程(かてい) 과정
経(へ)る 겪다, (과정을) 거치다 決(き)める 정하다, 결정하다
引(ひ)き取(と)る 인수하다 出品者(しゅっぴんしゃ) 출품자
変(か)わった+명사 별난～, 특이한～
待(ま)ち合(あ)わせ (때와 장소를 미리 정하고) 약속하여 만나기로 함
公共施設(こうきょうしせつ) 공공시설

繁華街(はんかがい) 번화가 人目(ひとめ)につく 남의 눈에 띄다
付(つ)き添(そ)う 곁에 따르다

71 ①일석이조라고 쓰여 있는데, 어떤 의미인가?

1 고장 나서 나오지 않게 된 TV도 팔 수 있다는 의미
2 사용하지 않게 된 전기제품과 의류를 함께 팔 수 있다는 의미
**3 폐기할 때 재활용비도 들지 않고 수입도 얻을 수 있다는 의미**
4 고장 난 폐물이라도 비싸게 팔 수 있다는 의미
| 어휘 | 衣類(いるい) 의류

72 ②이 과정이라고 쓰여 있는데, 어떤 과정인가?

1 고장 난 중고품을 구입할 때 수리하고 나서 가격을 결정하는 과정
2 중고품을 구입할 때 직접 만나서 가격 교섭을 하는 과정
3 약속 장소를 정할 때 적당한 장소를 정하는 과정
**4 중고품을 구입할 때 자신의 눈으로 확인하는 과정**
| 어휘 | 修理(しゅうり) 수리 交渉(こうしょう) 교섭
確(たし)かめる 확인하다

73 이 글의 내용과 맞는 것은 무엇인가?

1 가전제품을 인터넷 옥션 등에서 매각하면 처분 비용이 든다.
**2 중고품 구입을 망설이는 한 원인으로, 구형 모델의 수명에 대한 불안감이 있는 것 같다.**
3 필자는 중고품 구입을 망설이고 있고, 남에게도 그다지 권하지 못하는 것 같다.
4 인터넷 옥션에서 구입하면 항상 새것과 다름없는 중고품이 손에 들어온다.
| 어휘 | 処分(しょぶん) 처분 一因(いちいん) 일인, 한 원인
旧形(きゅうがた) 구형 寿命(じゅみょう) 수명
手(て)に入(はい)る 손에 들어오다, 입수하다

## 問題 14

74 이 회사가 쿨비즈를 실시하는 가장 큰 이유는 무엇인가?

1 쾌적한 직장 만들기를 위해
**2 에너지 절약을 위해**
3 가벼운 옷차림의 실시를 위해
4 손님을 많이 오게 하기 위해
| 어휘 | クールビズ 쿨비즈 *여름철에 사무실에서 시원하게 일할 수 있도록 간편한 차림을 하는 것, 넥타이와 재킷을 벗는 것뿐만 아니라 냉방 온도를 높게 설정하는 것도 포함됨
快適(かいてき) 쾌적 명사+づく(作)り ~만들기
省(しょう)エネ 에너지 절약 軽装(けいそう) 가벼운 옷차림

75 이 글의 내용과 맞는 것은 어느 것인가?

1 이 회사는 지금까지 쿨비즈를 실시한 적이 없다.
2 쿨비즈는 환경성의 명령에 의해 실시하게 되었다.
**3 냉방 시의 실온은 상황에 맞게 조정할 수 있다.**
4 쿨비즈 실시 기간 중에는 임직원은 넥타이를 매야 한다.
| 어휘 | 環境省(かんきょうしょう) 환경성 *우리나라의 환경부에 해당 命令(めいれい) 명령 冷房(れいぼう) 냉방
室温(しつおん) 실온 ~に応(おう)じて ~에 따라, ~에 맞게
調整(ちょうせい) 조정 役職員(やくしょくいん) 임직원
し(締)める 매다

74-75

손님 여러분께
헤이세이 31년 5월 6일

쿨비즈 실시 알림

평소에는 각별한 애정을 베풀어 주셔서 깊은 감사의 말씀드립니다.
저희 회사 그룹 각 사는 올해도 계속해서 지구 온난화 대책 및 절전 대처가 중요하기에 환경성이 제창하고 있는 '쿨 비즈'를 실시합니다. 손님 여러분 및 거래처 분들께는 이해와 협력을 해 주시기를 부탁드립니다.
하기 기간 중에는 원칙 가벼운 옷차림(노타이 · 노재킷 등)으로의 근무를 권장하고 있습니다.
또한 손님 여러분께서도 저희 회사 그룹 각 사에 방문하실 때에는 가벼운 옷차림으로 왕림해 주시기를 아울러 부탁드립니다.

기

1. 실시 기간 : 헤이세이 31년 5월 6일(월) ~ 헤이세이 31년 9월 30일(월)

2. 실시 내용
(1) 실내 온도 설정 : 원칙적으로 냉방 시 실온을 28℃로 설정합니다. 단, 점포 등의 각 시설에 있어서는 손님 여러분께 불쾌감을 드리지 않도록 임의로 온도 조절을 실시해 나가겠습니다.
(2) 복장 : 상기 기간 중 임직원은 원칙적으로 넥타이 등을 착용하지 않고 가벼운 옷차림으로 근무합니다.
단, 점포 등의 각 시설에 있어서는 손님 여러분께 불쾌감을 드리지 않는 쿨비즈 대응을 유념해 나가겠습니다.

| 어휘 | 各位(かくい) 각위, 여러분 知(し)らせ 알림, 통지, 공지
平素(へいそ) 평소 格別(かくべつ) 각별
愛顧(あいこ) 애고, 사랑하여 돌봄 賜(たまわ)る 주시다
お礼(れい) 감사의 말
お+명사+申(もう)し上(あ)げる ~해 드리다, ~하다 *겸양표현
弊社(へいしゃ) 폐사 *자기 회사의 낮춤말
引(ひ)き続(つづ)き 계속해서 温暖化(おんだんか) 온난화
対策(たいさく) 대책 節電(せつでん) 절전 取(と)り組(く)み 대처
提唱(ていしょう) 제창 取引先(とりひきさき) 거래처
下記(かき) 하기, 아래에 적은 것 原則(げんそく) 원칙
推奨(すいしょう) 추천하여 권함
来訪(らいほう) 내방, 사람이 방문해 오는 일
おこ(越)し 가심, 오심, 왕림, 행차 併(あわ)せて 아울러
記(き) 기, 적음
設定(せってい) 설정 店舗(てんぽ) 점포
不快感(ふかいかん)を与(あた)える 불쾌감을 주다
適宜(てきぎ) 임의 行(おこな)う 실시하다
~てまいる ~해 나가다 *「~ていく」의 겸양표현
上記(じょうき) 상기, 위에 적은 것 着用(ちゃくよう) 착용
ただし 단 対応(たいおう) 대응 心掛(こころが)ける 유념하다

## 청해

### 問題 1-1番 32

男の人と女の人が話しています。男の人は、どの会議室を何時から借りますか。

남자와 여자가 이야기하고 있습니다. 남자는 어느 회의실을 몇 시부터 빌립니까?

男　すみません、新プロジェクトの打ち合わせをするので、会議室を借りたいんですが、空いてる会議室ありますか。
女　打ち合わせはいつですか。
男　今週の木曜日の午後ですが…。
女　えーと、3号室が空いてますね。
男　3号室ですか…。
女　ええ、3号室は木曜日一日中空いています。
男　でも、3号室ってちょっと狭くないですか。
女　あ、狭いですか。
男　ええ、入りきれないですね。2号室が広くていいんですが…。
女　でも、2号室はもう2時から予約が入ってますよ。打ち合わせは何時からですか。
男　4時からです。
女　あ、4時からですか。だったら大丈夫ですね。予約は3時半までって書いてありますから。

남　저기요, 새 프로젝트 미팅을 하기 때문에 회의실을 빌리고 싶은데요, 비어 있는 회의실 있나요?
여　미팅은 언제예요?
남　이번 주 목요일 오후인데요….
여　어디 보자, 3호실이 비어 있네요.
남　3호실이요…?
여　네, 3호실은 목요일 하루 종일 비어 있어요.
남　하지만 3호실은 좀 좁지 않나요?
여　아, 좁아요?
남　네, 다 못 들어가죠. 2호실이 넓어서 좋은데요….
여　하지만 2호실은 이미 2시부터 예약이 잡혀 있어요. 미팅은 몇 시부터예요?
남　4시부터요.
여　아, 4시부터예요? 그렇다면 괜찮겠네요. 예약은 3시 반까지라고 쓰여 있으니까요.

| 어휘 | 打(う)ち合(あ)わせ 사전 회의, 미팅　空(あ)く 비다
~号室(ごうしつ) ~호실　一日中(いちにちじゅう) 하루 종일
入(はい)る 들어가다
동사의 ます형+き(切)れない 완전히[끝까지] ~할 수 없다
予約(よやく)が入(はい)る 예약이 잡히다　だったら 그렇다면

男の人は、どの会議室を何時から借りますか。

1 2号室を2時から借りる。
**2 2号室を4時から借りる。**
3 3号室を2時から借りる。
4 3号室を4時から借りる。

남자는 어느 회의실을 몇 시부터 빌립니까?

1 2호실을 2시부터 빌린다.
**2 2호실을 4시부터 빌린다.**
3 3호실을 2시부터 빌린다.
4 3호실을 4시부터 빌린다.

### 問題 1-2番 33

男の人と女の人が話しています。女の人はこの後どうしますか。

남자와 여자가 이야기하고 있습니다. 여자는 이후 어떻게 합니까?

男　美樹ちゃん、生協で中古パソコンフェアやってるけど、一緒に行ってみる?
女　中古パソコンフェア?
男　うん、でも中古といっても、陳列されていたものだからきれいだし、調子もいいって。それにかなり安いよ。
女　本当? ちょうどノートパソコン買おうと思っていたところなの。
男　ノートパソコン? 今回のフェアはデスクトップパソコンだけなんだ…。
女　あ、そう?
男　だったら、行ってもあまり意味ないか…。じゃ、僕行ってくるよ。
女　うん、行ってらっしゃい。私、これから授業だから…。
男　じゃ、終わったら一緒に飯でも食べようか。
女　うん、そうしよう。授業は1時に終わるから。
男　じゃ、学食で待ってるね。

남 미키, 생협에서 중고컴퓨터전 하고 있는데, 같이 가 볼래?

여 중고컴퓨터전?

남 응, 하지민 중고라고 해도 진열되어 있딘 물건이라서 깨끗하고 상태도 좋다. 게다가 꽤 저렴해.

여 정말? 마침 노트북 사려고 하던 참이거든.

남 노트북? 이번 컴퓨터전은 데스크탑 컴퓨터뿐이야….

여 아, 그래?

남 그렇다면 가도 별 의미 없나…. 그럼, 나 다녀올게.

여 응, 다녀와. 나 지금부터 수업이라서….

남 그럼, 끝나면 같이 밥이나 먹을까?

여 응, 그러자. 수업은 1시에 끝나니까.

남 그럼, 학생식당에서 기다리고 있을게.

| 어휘 | 生協(せいきょう) 생협 ＊「生活協同組合(せいかつきょうどうくみあい)」(생활협동조합)의 준말　中古(ちゅうこ) 중고
フェア 페어, 전시회　〜といっても 〜라고 해도
陳列(ちんれつ) 진열　調子(ちょうし) 상태　〜って 〜대, 〜래
ちょうど 마침　〜ところ 〜할 참　飯(めし) 밥, 식사
学食(がくしょく) 학생식당 ＊「学生食堂(がくせいしょくどう)」의 준말

女(おんな)の人(ひと)はこの後(あと)どうしますか。
1 学食(がくしょく)に行(い)く。
2 中古(ちゅうこ)パソコンフェアに行(い)く。
3 授業(じゅぎょう)に行(い)く。
4 生協(せいきょう)に行(い)く。

여자는 이후 어떻게 합니까?
1 학생식당에 간다.
2 중고컴퓨터전에 간다.
3 수업에 간다.
4 생협에 간다.

**問題 1-3番** 🎧34

男(おとこ)の人(ひと)と女(おんな)の人(ひと)が話(はな)しています。女(おんな)の人(ひと)はこの後(あと)どうしますか。
남자와 여자가 이야기하고 있습니다. 여자는 이후 어떻게 합니까?

(電話(でんわ)の音(おと))

女 もしもし、内田(うちだ)さん、今(いま)どこですか。もうみんな集(あつ)まってるんですよ。

男 あ、すみません。電車(でんしゃ)で居眠(いねむ)りして乗(の)り過(す)ごしちゃったんですよ。

女 へ〜、乗(の)り過(す)ごしたんですか。そんな…。

男 それで今(いま)戻(もど)ってるところなんですよ、本当(ほんとう)にすみません。

女 悪(わる)いけど、先(さき)に行(い)きますね。もうすぐ会議(かいぎ)始(はじ)まりますから。

男 そんな、僕(ぼく)、ハカタ通信(つうしん)の場所(ばしょ)知(し)らないんですよ。

女 あ…、もうしょうがないですね。私(わたし)、待(ま)ってるから早(はや)く来(き)てくださいよ。みんなには先(さき)に行(い)ってもらいますから。

男 ありがとうございます。あと10分(じゅっぷん)ほどで着(つ)きます。

(전화 소리)

여 여보세요? 우치다 씨, 지금 어디예요? 벌써 모두 모여 있어요.

남 아, 죄송합니다. 전철에서 졸다가 내릴 역을 지나쳐 버렸어요.

여 허, 내릴 역을 지나쳤다고요? 그런….

남 그래서 지금 되돌아가고 있는 중이에요, 정말로 죄송합니다.

여 미안하지만, 먼저 갈게요. 이제 곧 회의 시작되니까요.

남 그런, 나 하카타 통신 위치 몰라요.

여 아…, 정말 어쩔 수 없네요. 제가 기다리고 있을 테니까 빨리 와요. 모두한테는 먼저 가라고 할 테니까요.

남 감사합니다. 앞으로 10분 정도면 도착해요.

| 어휘 | 集(あつ)まる 모이다　居眠(いねむ)り (앉아서) 졺
乗(の)り過(す)ごす (목적지를) 지나치다
戻(もど)る 되돌아가[오]다　〜ているところだ 〜하고 있는 중이다
悪(わる)い 미안하다　先(さき)に 먼저　始(はじ)まる 시작되다
通信(つうしん) 통신　場所(ばしょ) 곳, 위치
もう 정말 ＊감동·감정을 강조할 때 쓰는 말
しょうがない 어쩔 수 없다　着(つ)く 도착하다

女(おんな)の人(ひと)はこの後(あと)どうしますか。
1 他(ほか)の人(ひと)に内田(うちだ)さんを待(ま)たせる。
2 他(ほか)の人(ひと)と一緒(いっしょ)に内田(うちだ)さんを待(ま)つ。
3 内田(うちだ)さんにハカタ通信(つうしん)に行(い)く道(みち)を教(おし)える。
4 一人(ひとり)で内田(うちだ)さんを待(ま)つ。

여자는 이후 어떻게 합니까?
1 다른 사람에게 우치다 씨를 기다리게 한다.
2 다른 사람과 함께 우치다 씨를 기다린다.
3 우치다 씨에게 하카타 통신에 가는 길을 가르쳐 준다.
4 혼자서 우치다 씨를 기다린다.

**問題 1-4番** 35

男の学生と女の学生が話しています。女の学生は、まず何をしなければなりませんか。

남학생과 여학생이 이야기하고 있습니다. 여학생은 우선 무엇을 해야 합니까?

男 今度、大学の広報活動をするんだけど、一緒にやらない?

女 え? 何をすればいいの?

男 まずは、広報資料の作成。

女 広報資料の作成? でも、私、具体的に何をすればいいのか全然わからないし…。

男 大丈夫、一人で作るんじゃないんだから。

女 あ、そう?

男 明日打ち合わせがあるけど、みんなでアイデアを出し合うんだ。例えば、奨学金制度の紹介とか、就職率とかね、とにかくうちの大学の強みをアピールする内容なら何でもいい。それを基にして作成するんだ。

女 あ、何かおもしろそうね。

男 でしょ? それから高校へ行って、高校生に直接その広報資料を配ったりもする予定。

女 私、参加する!

남 이번에 대학 홍보활동을 할 건데, 함께 하지 않을래?

여 응? 뭘 하면 되는 건데?

남 우선은 홍보자료 작성.

여 홍보자료 작성? 그런데 나 구체적으로 뭘 하면 좋을지 전혀 모르겠고….

남 괜찮아, 혼자서 만드는 게 아니니까.

여 아, 그래?

남 내일 미팅이 있는데, 다 같이 아이디어를 서로 내놓을 거야. 예를 들면 장학금 제도 소개라든가 취직률이라든가 말이야, 어쨌든 우리 대학의 강점을 어필하는 내용이라면 뭐든지 좋아. 그걸 토대로 해서 작성하는 거야.

여 아, 뭔가 재미있을 것 같네.

남 그렇지? 그리고 고등학교에 가서 고등학생에게 직접 그 홍보 자료를 나눠 주기도 할 예정.

여 나, 참가할래!

| 어휘 | 広報(こうほう) 홍보 活動(かつどう) 활동
資料(しりょう) 자료 作成(さくせい) 작성
具体的(ぐたいてき) 구체적
出(だ)し合(あ)う (금품 · 지혜 · 의견 따위를) 서로 내놓다
奨学金(しょうがくきん) 장학금
就職率(しゅうしょくりつ) 취직률 とにかく 어쨌든 うち 우리
強(つよ)み 강점 アピール 어필 基(もと) 토대
配(くば)る 나누어 주다, 배포하다 参加(さんか) 참가

女の学生は、まず何をしなければなりませんか。

1 広報資料を作成する。

2 打ち合わせへ行く。

3 高校へ行って資料を配る。

4 就職率を調べる。

여학생은 우선 무엇을 해야 합니까?

1 홍보자료를 작성한다.

**2 미팅에 간다.**

3 고등학교에 가서 자료를 나누어 준다.

4 취직률을 조사한다.

**問題 1-5番** 36

男の人と女の人が話しています。男の人はこの後どうしますか。

남자와 여자가 이야기하고 있습니다. 남자는 이후 어떻게 합니까?

男 由美ちゃん、この前言ってた「経営学」という本貸してくれない?

女 あ、ごめん、その本、昨日松田君に貸してあげたの。

男 え、そう? どうしよう…。

女 急いでるの?

男 うん、レポートを書くのに必要なんだ。

女 図書館には? その本図書館にもあると思うけど。

男 もう行ってみたんだけど、貸し出し中になってて…。

女 そう…。あ、そうだ、その本なら美咲ちゃんも持ってるよ。

男 うん、でも美咲ちゃんも同じ授業とってるから、美咲ちゃんも必要だろ。

女 じゃ、松田君に言ってみたら? 彼はその授業とってないし、そんなに急いでる様子じゃなかったら。

男 あ、そう? じゃ、松田君に言ってみよう。

남 유미, 요전에 말했던 '경영학'이란 책 빌려 주지 않을래?

여 아, 미안, 그 책 어제 마스다 군한테 빌려 줬거든.

남 어, 그래? 어떻게 하시….

여 급한 거야?

남 응, 리포트를 쓰는 데에 필요하거든.

여 도서관에는? 그 책 도서관에도 있을 것 같은데.

남 벌써 가 봤는데 대출 중이라서….

여 그래…. 아, 맞다, 그 책이라면 미사키도 갖고 있어.

남 응, 그런데 미사키도 같은 수업 듣고 있으니까 미사키도 필요하겠지.

여 그럼, 마스다 군에게 말해 보는 게 어때? 걔는 그 수업 안 듣고 있고, 그렇게 급해 보이지도 않았으니까.

남 아, 그래? 그럼, 마스다 군한테 말해 봐야겠다.

| 어휘 | この前(まえ) 요전, 지난번  貸(か)す 빌려 주다
急(いそ)ぐ 서두르다  貸(か)し出(だ)し 대출  と(取)る 수강하다
様子(ようす) 모습, 상태, 상황

男(おとこ)の人(ひと)はこの後(あと)どうしますか。

1 松田君(まつだくん)に連絡(れんらく)してみる。
2 図書館(としょかん)へ本(ほん)を借(か)りに行(い)く。
3 美咲(みさき)さんに本(ほん)を借(か)りに行(い)く。
4 由美(ゆみ)さんの本(ほん)を借(か)りて帰(かえ)る。

남자는 이후 어떻게 합니까?
**1 마쓰다 군에게 연락해 본다.**
2 도서관에 책을 빌리러 간다.
3 미사키 씨에게 책을 빌리러 간다.
4 유미 씨의 책을 빌려서 돌아간다.

| 어휘 | 連絡(れんらく) 연락  借(か)りる 빌리다
동사의 ます형+に ~하러 *동작의 목적

**問題 2-1番  🎧 37**

男(おとこ)の人(ひと)と女(おんな)の人(ひと)が話(はな)しています。男(おとこ)の人(ひと)は、テニスの試合(しあい)で勝(か)った最(もっと)も大(おお)きな理由(りゆう)は何(なん)だと言(い)っていますか。

남자와 여자가 이야기하고 있습니다. 남자는 테니스 시합에서 이긴 가장 큰 이유는 무엇이라고 말하고 있습니까?

女 小林(こばやし)さん、優勝(ゆうしょう)おめでとうございます。

男 ありがとうございます。

女 3年(さんねん)ぶりの優勝(ゆうしょう)ですが、今(いま)どんなお気持(きも)ちですか。

男 ええ、もうこれで終(お)わりかなとも思(おも)ってましたが、優勝(ゆうしょう)できて本当(ほんとう)にうれしいです。

女 試合中(しあいちゅう)はかなり緊張(きんちょう)している様子(ようす)も見(み)えましたが…。

男 あ、やっぱり3年(ねん)ぶりの決勝戦(けっしょうせん)だったので、すごく緊張(きんちょう)してましたね。でも途中(とちゅう)から落(お)ち着(つ)きを取(と)り戻(もど)すことができました。

女 あ、それで後半(こうはん)は安定(あんてい)したプレーができたんですね。

男 ええ、そうですね。もちろん相手選手(あいてせんしゅ)のミスもありましたが、やっぱりそれが何(なに)よりも大(おお)きかったですね。

女 じゃ、来年(らいねん)もまたチャレンジされますか。

男 そうですね、まだ決(き)めてないんですけど、できることならまたチャレンジしたいと思(おも)います。いつもそばで見守(みまも)ってくれる家族(かぞく)と、監督(かんとく)にも感謝(かんしゃ)の気持(きも)ちでいっぱいです。

女 やはり家族(かぞく)の力(ちから)ってすばらしいですね。

여 고바야시 씨, 우승 축하 드립니다.

남 감사합니다.

여 3년 만의 우승인데요, 지금 어떤 기분이신가요?

남 네, 이제 이걸로 끝인가 라고도 생각했는데, 우승할 수 있어서 정말로 기쁩니다.

여 시합 중에는 상당히 긴장한 모습도 보였는데요….

남 아, 역시 3년 만의 결승전이었기 때문에 몹시 긴장했네요. 하지만 도중부터 침착함을 되찾을 수 있었습니다.

여 아, 그래서 후반은 안정된 플레이를 할 수 있었군요.

남 네, 그렇죠, 물론 상대 선수의 실수도 있었지만, 역시 그 점이 무엇보다도 컸죠.

여 그럼, 내년에도 다시 도전하실 건가요?

남 글쎄요, 아직 결정하지는 않았습니다만, 가능하면 다시 도전하고 싶습니다. 언제나 곁에서 지켜봐 주는 가족과 감독님께도 감사하는 마음으로 가득합니다.

여 역시 가족의 힘은 대단하네요.

| 어휘 | 試合(しあい) 시합  勝(か)つ 이기다
優勝(ゆうしょう) 우승
~ぶり (시간의 경과를 나타내는 말에 붙어) ~만  終(お)わり 끝
緊張(きんちょう) 긴장  見(み)える 보이다  途中(とちゅう) 도중
落(お)ち着(つ)き 침착함  取(と)り戻(もど)す 되찾다
後半(こうはん) 후반  安定(あんてい) 안정
何(なに)よりも 무엇보다도  チャレンジ 챌린지, 도전
そば 곁  見守(みまも)る 지켜보다  監督(かんとく) 감독
感謝(かんしゃ) 감사

男の人は、テニスの試合で勝った最も大きな理由は何だと言っていますか。

1 監督とトレーニングしたこと
**2 落ち着いて試合ができたこと**
3 家族が応援してくれたこと
4 相手選手にミスが多かったこと

남자는 테니스 시합에서 이긴 가장 큰 이유는 무엇이라고 말하고 있습니까?

1 감독과 훈련한 것
**2 침착하게 시합을 할 수 있었던 것**
3 가족이 응원해 준 것
4 상대 선수에게 실수가 많았던 것

| 어휘 | トレーニング 트레이닝, 훈련 落(お)ち着(つ)く 침착하다 応援(おうえん) 응원

### 問題 2-2番 38

男の人と女の人がペットを飼うことについて話しています。女の人が犬を飼う一番大きな理由は何ですか。

남자와 여자가 애완동물을 키우는 것에 대해서 이야기하고 있습니다. 여자가 개를 키우는 가장 큰 이유는 무엇입니까?

男 最近、犬や猫飼ってる人、増えてるよね。
女 うん、うちでもワンちゃん3匹飼ってるわよ。
男 3匹も飼ってるの? 世話も大変だろうね。
女 確かに3匹もいると、世話は大変よ。
男 僕も犬飼いたいなって思ってはいるんだが、3匹は絶対無理だよ。犬の世話だけでも疲れちゃいそうだね。
女 それはそうよ。餌のこととか、お風呂のこと、それに3匹も連れて散歩に出かけるのもけっこう大変なの。でも、そのおかげで運動不足の解消になってるの。
男 あ、毎日散歩に出かけると確かに運動不足の解消になるよね。それで飼ってるわけ?
女 いや、それもあるんだけど、それよりも、何と言えばいいんだろう…。疲れた日でも、嫌なことがあった日でも、そばにいてくれるだけで、それを忘れさせてくれるって言うか。
男 あ、何かわかるような気がする。
女 でしょ? 一緒にいると何か癒されるって言うか…。

남 요즘 개나 고양이 키우고 있는 사람, 늘고 있지?
여 응, 우리 집에서도 멍멍이 세 마리 키우고 있어.
남 세 마리나 키우고 있어? 돌보기도 힘들겠네.
여 확실히 세 마리나 있으면 돌보는 건 힘들어.
남 나도 개 키워 보고는 싶은데, 세 마리는 절대 무리야. 개 돌보기만으로도 지쳐 버릴 것 같아.
여 그건 그래. 먹이라든지 목욕, 게다가 세 마리나 데리고 산책하러 나가는 것도 꽤 힘들거든. 하지만 그 덕분에 운동부족이 해소되고 있어.
남 아, 매일 산책하러 나가면 확실히 운동부족이 해소되겠네. 그래서 키우고 있는 거야?
여 아니야, 그것도 있지만, 그것보다도 뭐라고 하면 좋으려나…. 피곤한 날이든 짜증나는 일이 있던 날이든 곁에 있어 주는 것만으로 그걸 잊게 해 준다고 할까.
남 아, 왠지 알 것 같은 느낌이 들어.
여 그렇지? 함께 있으면 왠지 치유받는다고 할까….

| 어휘 | ペット 애완동물 飼(か)う (동물을) 키우다 増(ふ)える 늘다, 증가하다 世話(せわ) 돌봄 大変(たいへん) 힘듦 疲(つか)れる 지치다, 피로해지다 餌(えさ) 먹이 風呂(ふろ) 목욕 連(つ)れる 데리고 오[가]다 おかげ 덕분 解消(かいしょう) 해소 忘(わす)れる 잊다 何(なん)か 왜 그런지, 어쩐지 気(き)がする 생각[느낌]이 들다 癒(いや)す 치유하다

女の人が犬を飼う一番大きな理由は何ですか。

1 犬の世話をするのが好きだから
**2 犬といると気が休まるから**
3 犬を飼うと運動不足の解消になるから
4 犬と散歩に出かけるのが好きだから

여자가 개를 키우는 가장 큰 이유는 무엇입니까?

1 개 돌보는 것을 좋아하니까
**2 개와 있으면 마음이 편안해지니까**
3 개를 키우면 운동부족이 해소되니까
4 개와 산책하러 나가는 것을 좋아하니까

| 어휘 | 気(き)が休(やす)まる 마음이 편안해지다

## 問題 2-3番 39

おとこ ひと おんな ひと はな
男の人と女の人が話しています。どうして石油ファ
と せきゆ
ンヒーターが止まりましたか。

남자와 여자가 이야기하고 있습니다. 어째서 석유 팬히터가 멈추었습니까?

なに へ や さむ
**女** 何か部屋寒くない?

**男** うん、ちょっとね。あれ、ファンヒーターが
と
止まってるよ。

せきゆ のこ
**女** え、ほんと? どうして? 石油はまだ残ってる?

せきゆ い だいじょうぶ
**男** 石油はさっき入れたばかりだから大丈夫だ
でんげん はい
よ。電源もちゃんと入ってるし。

なん と
**女** おかしいな、何で止まったんだろう?

かん き けいこく
**男** あれ、換気警告か…。

かん き けいこく なに
**女** 換気警告? 何それ?

せきゆ
**男** 石油ファンヒーターはつけっぱなしにしてる
くう き わる うんてん
と、空気悪くなるじゃん。そうなると運転が
と かん き けいこく で
止まって、換気しろって警告が出るんだ。ほ
み かん き
ら、これ見て、換気のランプがついてるよ。

**女** あ、ほんとだ…。

へ や おん ど あ と
**男** あと、部屋の温度が上がりすぎても止まるよ
うになってる。

さむ まど あ
**女** じゃ、寒いのに窓開けなきゃいけないの?

が まん
**男** しょうがないよ、しばらく我慢して。

여 왠지 방 춥지 않아?

남 응, 좀 그러네. 어라. 팬히터가 멈춰 있어.

여 뭐? 정말? 왜 그러지? 석유는 아직 남아 있어?

남 석유는 좀 전에 막 넣었으니까 괜찮아. 전원도 제대로 들어와 있고.

여 이상하네, 왜 멈춘 거지?

남 어라, 환기 경고인가….

여 환기 경고? 뭐야 그게?

남 석유 팬히터는 켠 채로 두면 공기가 나빠지잖아. 그렇게 되면 운전이 멈춰서 환기하라는 경고가 나오는 거야. 여기 이거 봐, 환기 램프가 켜져 있어.

여 아, 정말이네….

남 그리고 방 안 온도가 너무 올라가도 멈추게 되어 있어.

여 그럼, 추운 데도 창문 열어야 하는 거야?

남 어쩔 수 없어, 잠깐 참아.

┃어휘┃ 石油(せきゆ) 석유　止(と)まる 멈추다, 정지하다
残(のこ)る 남다　入(い)れる 넣다
동사의 た형+ばかりだ 막 ~한 참이다. ~한 지 얼마 안 되다
電源(でんげん)が入(はい)る 전원이 들어오다
何(なん)で 왜, 어째서　換気(かんき) 환기　警告(けいこく) 경고
つける 켜다　동사의 ます형+っぱなし ~한 채로 둠
ほら 급히 주의를 환기시킬 때 내는 소리　つく 켜지다
上(あ)がる (온도가) 오르다, 높아지다　開(あ)ける 열다
~なきゃいけない ~하지 않으면 안 된다, ~해야 한다 *「~なけ
ればいけない」의 회화체 표현　しょうがない 어쩔 수 없다
しばらく 잠시　我慢(がまん) 참음

せきゆ と
どうして石油ファンヒーターが止まりましたか。

はい
1 ファンヒーターに石油が入っていないから
しつない おん ど たか
2 室内の温度が高すぎるから
でんげん い わす
3 ファンヒーターの電源を入れ忘れたから
しつない くう き よご
**4 室内の空気が汚れているから**

어째서 석유 팬히터가 멈추었습니까?
1 팬히터에 석유가 들어 있지 않아서
2 실내 온도가 너무 높아서
3 팬히터의 전원을 넣는 것을 잊고 있어서
**4 실내 공기가 오염되어 있어서**

┃어휘┃ 入(はい)る 들다　室内(しつない) 실내
い형용사의 어간+すぎる 너무 ~하다
電源(でんげん)を入(い)れる 전원을 넣다
동사의 ます형+忘(わす)れる ~하는 것을 잊다
汚(よご)れる 더러워지다, 오염되다

## 問題 2-4番 40

お母さんと男の子が遠足について話しています。男の子は、どうして遠足に行きたくないと言っていますか。

엄마와 남자 아이가 소풍에 대해서 이야기하고 있습니다. 남자 아이는 어째서 소풍을 가고 싶지 않다고 말하고 있습니까?

女 あきら、いよいよ明日遠足の日よね。
男 うん、そうだね…。
女 どうしたの? 元気ないね、学校で何かあったの? 友だちとけんかでもした?
男 ううん、別に何でもない…。
女 そう? なのに何でそんなに元気ないの? いいからママに言ってみて。
男 実は…、僕、遠足あまり行きたくないんだ…。
女 え? どうして? ついこの前まではすごく楽しみにしてたじゃない。あ、わかった。遠足の行き先が遊園地から水族館に変わったからでしょ?
男 水族館あまり好きじゃないのも事実だけど…。
女 え? 違うの?
男 ゆいなちゃん、行けないって…。
女 ゆいなちゃんが行けない? どうして?
男 この前からずっと風邪気味だったけど、やっぱり家で休んだ方がいいって、お医者さんに言われたみたい、それで…。
女 あら、そうなの。ゆいなちゃんのこと好きだからね。

여 아키라, 드디어 내일 소풍 가는 날이네.
남 응, 그렇네….
여 왜 그래? 기운이 없네. 학교에서 무슨 일 있었니? 친구와 싸움이라도 했어?
남 아니, 별로 아무것도 아니야….
여 그래? 그런데 왜 그렇게 기운이 없어? 괜찮으니까 엄마한테 말해 봐.
남 실은…, 나, 소풍 별로 가고 싶지 않아….
여 뭐? 왜? 바로 요전까지는 굉장히 기대하고 있었잖아. 아, 알았다. 소풍 가는 데가 유원지에서 수족관으로 바뀌었기 때문에 그러지?
남 수족관 별로 좋아하지 않는 것도 사실이지만….
여 어? 아니야?
남 유이나, 못 간대….
여 유이나가 못 간대? 왜?
남 요전부터 쭉 감기 기운이 있었는데, 역시 집에서 쉬는 편이 좋겠다고 의사선생님이 말한 것 같아, 그래서….
여 어머, 그래? 유이나 좋아하니까.

| 어휘 | 遠足(えんそく) 소풍 いよいよ 드디어
何(なん)か 무엇인가 けんか(喧嘩) 싸움 別(べつ)に 별로
何(なん)でもない 아무것도 아니다 実(じつ)は 실은
つい (시간·거리적으로) 조금, 바로 楽(たの)しむ 기대하다
行(い)き先(さき) 행선지 遊園地(ゆうえんち) 유원지
水族館(すいぞくかん) 수족관 変(か)わる 바뀌다
事実(じじつ) 사실 違(ちが)う 틀리다 ずっと 쭉, 계속
명사+気味(ぎみ) ~기색, ~기미, ~경향

男の子は、どうして遠足に行きたくないと言っていますか。

1 遠足の行き先が気に入らないから
2 ずっと風邪気味で、体調を崩したから
**3 仲良しの子が遠足に行かないから**
4 行き先が急に変わったから

남자 아이는 어째서 소풍을 가고 싶지 않다고 말하고 있습니까?
1 소풍 가는 곳이 마음에 들지 않기 때문에
2 쭉 감기 기운으로 몸 상태가 나빠졌기 때문에
**3 친한 친구가 소풍을 가지 않기 때문에**
4 행선지가 갑자기 바뀌었기 때문에

| 어휘 | 気(き)に入(い)る 마음에 들다
体調(たいちょう)を崩(くず)す 몸 상태가 나빠지다
仲良(なかよ)し 사이가 좋음, 친한 친구 急(きゅう)に 갑자기

## 問題 2-5番 41

男の人と女の人が話しています。女の人がマラソンを始めた理由は何ですか。

남자와 여자가 이야기하고 있습니다. 여자가 마라톤을 시작한 이유는 무엇입니까?

男 さくらさん、最近マラソン始めたそうですね。
女 ええ、先月から始めましたよ。
男 でもさくらさん、スポーツ嫌いって言ってたじゃないですか。
女 ええ、それは今も変わりありませんよ。
男 じゃ、どうして急に? ダイエットのために?
女 確かに最近太り気味ですが、それよりマラソンに挑戦してみたくなったって言うか。

男 挑戦?

女 ええ、今までいろいろなことをしてみたんですが、全部スポーツ以外のことだったので。で、もっと年取ったらスポーツはもう無理じゃないかなって思いまして…。

男 あ、それでマラソンを…。

女 でもマラソンといっても、ちょっと速く歩くぐらいですよ。マラソンと呼べるレベルじゃないんです。それにハーフだし…。でもダイエットにもなるし、始めてよかったと思ってます。

남 사쿠라 씨, 요즘 마라톤 시작했다면서요?

여 네, 지난달부터 시작했어요.

남 그런데 사쿠라 씨, 스포츠 싫어한다고 하지 않았어요?

여 네, 그건 지금도 변함없어요.

남 그럼, 어째서 갑자기? 다이어트를 위해서?

여 확실히 요즘 살찐 것 같지만, 그것보다 마라톤에 도전해 보고 싶어졌다고 할까.

남 도전?

여 네, 지금까지 여러 가지 것을 해 봤는데, 전부 스포츠 이외의 것이었기 때문에. 그래서 더 나이를 먹으면 스포츠는 이제 무리가 아닐까 싶어서요….

남 아, 그래서 마라톤을….

여 하지만 마라톤이라고 해도 조금 빠르게 걷는 정도예요. 마라톤이라고 부를 수 있는 수준이 아니거든요. 게다가 하프고…. 하지만 다이어트도 되고 시작하길 잘했다고 생각하고 있어요.

| 어휘 | マラソン 마라톤 始(はじ)める 시작하다
先月(せんげつ) 지난달 嫌(きら)い 싫어함 変(か)わり 변함
太(ふと)る 살찌다
동사의 ます형+気味(ぎみ)だ ~기색이다, ~기미다, ~경향이다
挑戦(ちょうせん) 도전 以外(いがい) 이외
年取(としと)る 나이를 먹다 ~といっても ~라고 해도

女の人がマラソンを始めた理由は何ですか。

1 体重を減らすため
**2 新しい分野に挑むため**
3 老後の健康のため
4 ハーフマラソンを走りきるため

여자가 마라톤을 시작한 이유는 무엇입니까?
1 체중을 줄이기 위해
**2 새로운 분야에 도전하기 위해**
3 노후의 건강을 위해
4 하프 마라톤을 완주하기 위해

| 어휘 | 体重(たいじゅう) 체중 減(へ)らす 줄이다
分野(ぶんや) 분야 挑(いど)む 도전하다 老後(ろうご) 노후
走(はし)る 달리다 동사의 ます형+き(切)る ~을 끝내다, 다 ~하다

## 問題 2-6番 42

男の学生と女の学生が話しています。女の学生はどうして疲れていますか。

남학생과 여학생이 이야기하고 있습니다. 여학생은 어째서 피곤합니까?

男 真由美ちゃん、大丈夫? 授業中あくびばかりしてて…。

女 あ、見た?

男 うん、見たよ。どうしたの? バイトで疲れてるの?

女 ま、確かに毎晩遅くまでバイトやってるからね。

男 バイトちょっと減らした方がいいんじゃない?

女 いや、それは無理無理、お金要るから。

男 でも、疲れがたまってたら、授業に集中できないよ。それに来週から試験も始まるのに。

女 実は、身内から英語の翻訳頼まれちゃって…。

男 あ、そうだったの?

女 すごく急いでいるって言われて、毎晩遅くまでそれをやってたの。

男 そうか、じゃ、それいつまで?

女 もう終わったよ。これから渡しに行くの。今日から本格的に試験勉強始めなくちゃね。

남 마유미, 괜찮아? 수업 중에 하품만 하고 있고….

여 아, 봤어?

남 응, 봤어. 무슨 일 있어? 아르바이트 때문에 피곤한 거야?

여 뭐, 확실히 매일 밤 늦게까지 아르바이트 하고 있으니까.

남 아르바이트 조금 줄이는 편이 낫지 않아?

여 아니, 그건 무리무리, 돈 필요하니까.

남 그래도 피로가 쌓여 있으면 수업에 집중 못해. 게다가 다음 주부터 시험도 시작될 텐데.

여 실은 친척한테 영어 번역 부탁받아서….

남 아, 그런 거였어?

여 굉장히 급하다고 해서 매일 밤 늦게까지 그걸 하고 있었어.

남 그렇군, 그럼, 그거 언제까지?

여 이제 끝났어. 지금 건네주러 갈 거야. 오늘부터 본격적으로 시험공부 시작해야지.

| 어휘 | あくび 하품 ～ばかり ～만, ～뿐
減(へ)らす 줄이다 要(い)る 필요하다 疲(つか)れ 피로
た(溜)まる 쌓이다 集中(しゅうちゅう) 집중 身内(みうち) 친척
翻訳(ほんやく) 번역 頼(たの)む 부탁하다 渡(わた)す 건네주다
동사의 ます형+に ～하러 *동작의 목적
本格的(ほんかくてき) 본격적 ～なくちゃ ～해야지 *「～なくて
はいけない」(～하지 않으면 안 된다, ～해야 한다)의 축약표현

女(おんな)の学生(がくせい)はどうして疲(つか)れていますか。

1 毎晩(まいばんおそ)遅くまで試験勉強(しけんべんきょう)をしているから

2 毎晩(まいばんおそ)遅くまで授業(じゅぎょう)を受けているから

3 親類(しんるい)から頼(たの)みごとをされたから

4 親類(しんるい)と英語(えいご)の勉強(べんきょう)を始(はじ)めたから

여학생은 어째서 피곤합니까?
1 매일 밤 늦게까지 시험공부를 하고 있어서
2 매일 밤 늦게까지 수업을 받고 있어서
**3 친척에게 부탁받은 일이 있어서**
4 친척과 영어공부를 시작해서

| 어휘 | 親類(しんるい) 친척 頼(たの)みごと 부탁

### 問題 3-1番 🎧 43

男(おとこ)の人(ひと)が話(はな)しています。

남자가 이야기하고 있습니다.

> 男(わたし) 私(わたし)の卒業(そつぎょう)した小学校(しょうがっこう)では、毎年秋(まいとしあき)になると、「りんご祭(まつ)り」が開(ひら)かれました。子(こ)どもたちの手(て)作(づく)りの、りんごを使(つか)ったお菓子(かし)やりんごジャム、りんごジュース、それから学年全員(がくねんぜんいん)でりんごダンスを踊(おど)ったりして、毎年全校(まいとしぜんこう)のみんなで盛(も)り上(あ)がりました。また、あの頃(ころ)に戻(もど)って、「りんご祭(まつ)り」を楽(たの)しみたいです。
>
> 남 제가 졸업한 초등학교에서는 매년 가을이 되면 '사과 축제'가 열렸습니다. 아이들이 직접 만든, 사과를 사용한 과자와 사과 잼, 사과 주스, 그리고 학년 전원이 사과 댄스를 추거나 하며, 매년 전교생 모두가 고조되었습니다. 다시 그 시절로 되돌아 가서 '사과 축제'를 즐기고 싶습니다.

| 어휘 | 卒業(そつぎょう) 졸업 毎年(まいとし) 매년
祭(まつ)り 축제 開(ひら)く 열다, 개최하다
手作(てづく)り 손수 만듦 学年(がくねん) 학년
全員(ぜんいん) 전원 踊(おど)る 춤추다 全校(ぜんこう) 전교
盛(も)り上(あ)がる (흥취 등이) 고조되다
戻(もど)る 되돌아가[오]다 楽(たの)しむ 즐기다

何(なに)についての話(はなし)ですか。
1 母校(ぼこう)に対(たい)する愛着心(あいちゃくしん)

2 子供(こども)の頃(ころ)の思(おも)い出(で)

3 りんごを使(つか)った料理(りょうり)の紹介(しょうかい)

4 りんご祭(まつ)りの紹介(しょうかい)

무엇에 대한 이야기입니까?
1 모교에 대한 애착심
**2 어린 시절의 추억**
3 사과를 사용한 요리 소개
4 사과 축제 소개

| 어휘 | 母校(ぼこう) 모교 愛着心(あいちゃくしん) 애착심
思(おも)い出(で) 추억

### 問題 3-2番 🎧 44

レストラン「食(く)いしん坊(ぼう)」からのお知(し)らせです。

레스토랑 '구이신보(먹보)'로부터의 알림입니다.

> 男 こんにちは。レストラン「食(く)いしん坊(ぼう)」です。明日(あした)、設備修理(せつびしゅうり)のため、休(やす)ませていただきます。店(みせ)のガスオーブンが故障(こしょう)しました。昨日(きのう)の夕方頃(ゆうがたごろ)から調子(ちょうし)が悪(わる)かったのですが、お湯(ゆ)を沸(わ)かすこともできません。そのため、大変(たいへんもう)申し訳(わけ)ございませんが、修理作業(しゅうりさぎょう)のため、明日(あした)は休(やす)ませていただきます。ご迷惑(めいわく)をおかけしますが、何卒(なにとぞ)よろしくお願(ねが)いいたします。
>
> 남 안녕하세요. 레스토랑 '구이신보(먹보)'입니다. 내일 설비 수리 때문에 휴업하겠습니다. 가게의 가스오븐이 고장 났습니다. 어제 저녁 무렵부터 상태가 나빴습니다만, 물을 끓일 수도 없습니다. 그래서 대단히 죄송합니다만, 수리 작업을 위해 내일은 휴업하겠습니다. 폐를 끼쳐 드립니다만, 아무쪼록 잘 부탁드립니다.

| 어휘 | 食(く)いしん坊(ぼう) 먹보 設備(せつび) 설비
修理(しゅうり) 수리
～(さ)せていただく ～하다 *「する」의 겸양표현
故障(こしょう)する 고장 나다 夕方(ゆうがた) 저녁때
調子(ちょうし) 상태 お湯(ゆ)を沸(わ)かす 물을 끓이다
そのため 그 때문에, 그래서 作業(さぎょう) 작업
迷惑(めいわく)をかける 폐를[불편을] 끼치다
何卒(なにとぞ) 부디, 아무쪼록

お知(し)らせの主(おも)な内容(ないよう)は何(なん)ですか。

**1 レストラン「食(く)いしん坊(ぼう)」の臨時休業(りんじきゅうぎょう)の理由(りゆう)**

2 レストラン「食(く)いしん坊(ぼう)」の求人広告(きゅうじんこうこく)

3 レストラン「食(く)いしん坊(ぼう)」の新(しん)メニューの案内(あんない)

4 レストラン「食(く)いしん坊(ぼう)」の移転(いてん)の案内(あんない)

알림의 주된 내용은 무엇입니까?
**1 레스토랑 '구이신보(먹보)'의 임시 휴업의 이유**
2 레스토랑 '구이신보(먹보)'의 구인 광고
3 레스토랑 '구이신보(먹보)'의 신메뉴 안내
4 레스토랑 '구이신보(먹보)'의 이전 안내

| 어휘 | 主(おも) 주됨　臨時(りんじ) 임시
休業(きゅうぎょう) 휴업　求人(きゅうじん) 구인
広告(こうこく) 광고　移転(いてん) 이전

### 問題 3-3番　🎧 45

<ruby>留学生会館<rt>りゅうがくせいかいかん</rt></ruby>からの<ruby>お知<rt>し</rt></ruby>らせです。

유학생회관으로부터의 알림입니다.

女　<ruby>来月<rt>らいげつ</rt></ruby>、<ruby>第7回国際交流会<rt>だいななかいこくさいこうりゅうかい</rt></ruby>を<ruby>開催<rt>かいさい</rt></ruby>します。その<ruby>国<rt>くに</rt></ruby>の<ruby>食<rt>た</rt></ruby>べ<ruby>物<rt>もの</rt></ruby>や<ruby>飲<rt>の</rt></ruby>み<ruby>物<rt>もの</rt></ruby>をいただきながら、<ruby>会館<rt>かいかん</rt></ruby>の<ruby>居住留学生<rt>きょじゅうりゅうがくせい</rt></ruby>たちと<ruby>交流<rt>こうりゅう</rt></ruby>してみませんか。<ruby>今回<rt>こん かい</rt></ruby>は「<ruby>韓国<rt>かんこく</rt></ruby>」と「トルコ」の<ruby>留学生<rt>りゅうがくせい</rt></ruby>です。<ruby>日本語<rt>に ほん ご</rt></ruby>でのコミュニケーションも<ruby>可能<rt>かのう</rt></ruby>です。<ruby>皆様<rt>みなさま</rt></ruby>のご<ruby>参加<rt>さんか</rt></ruby>をお<ruby>待<rt>ま</rt></ruby>ちしております。<ruby>参加<rt>さんか</rt></ruby>ご<ruby>希望<rt>きぼう</rt></ruby>の<ruby>方<rt>かた</rt></ruby>は<ruby>留学生会館<rt>りゅうがくせいかいかん</rt></ruby>ホームページまたは<ruby>電話<rt>でん わ</rt></ruby>で、お<ruby>申<rt>もう</rt></ruby>し<ruby>込<rt>こ</rt></ruby>みください。<ruby>会場<rt>かいじょう</rt></ruby>は、<ruby>留学生会館<rt>りゅうがくせいかいかん</rt></ruby>1<ruby>階<rt>かい</rt></ruby>の<ruby>交流<rt>こうりゅう</rt></ruby>ラウンジで、<ruby>定員<rt>ていいん</rt></ruby>は、<ruby>35人<rt>さんじゅうごにん</rt></ruby>です。

여　다음 달에 제7회 국제교류회를 개최합니다. 그 나라의 음식과 음료를 먹으면서 회관 거주 유학생들과 교류해 보지 않겠습니까? 이번에는 '한국'과 '터키' 유학생입니다. 일본어로의 의사소통도 가능합니다. 여러분의 참가를 기다리고 있습니다. 참가를 희망하시는 분은 유학생회관 홈페이지 또는 전화로 신청해 주십시오. 행사장은 유학생회관 1층의 교류 라운지이며, 정원은 35명입니다.

| 어휘 | 留学生(りゅうがくせい) 유학생　会館(かいかん) 회관
国際(こくさい) 국제　交流会(こうりゅうかい) 교류회
開催(かいさい) 개최　国(くに) 나라　食(た)べ物(もの) 음식
飲(の)み物(もの) 마실 것, 음료
いただく 먹다 ＊食(た)べる (먹다), 「飲(の)む」(마시다)의 겸양어
居住(きょじゅう) 거주　トルコ 터키　参加(さんか) 참가
希望(きぼう) 희망　申(もう)し込(こ)む 신청하다
会場(かいじょう) 회장, 행사장　定員(ていいん) 정원

<ruby>何<rt>なん</rt></ruby>のためのお<ruby>知<rt>し</rt></ruby>らせですか。
1 <ruby>国際交流会<rt>こくさいこうりゅうかい</rt></ruby>の<ruby>日程<rt>にってい</rt></ruby>と<ruby>会場案内<rt>かいじょうあんない</rt></ruby>
2 <ruby>国際交流会<rt>こくさいこうりゅうかい</rt></ruby>の<ruby>紹介<rt>しょうかい</rt></ruby>やあいさつ
3 <ruby>国際交流会<rt>こくさいこうりゅうかい</rt></ruby>のスタッフ<ruby>募集<rt>ぼしゅう</rt></ruby>
**4 <ruby>国際交流会<rt>こくさいこうりゅうかい</rt></ruby>の<ruby>参加者募集<rt>さんかしゃぼしゅう</rt></ruby>**

---

무엇을 위한 알림입니까?
1 국제교류회의 일정과 행사장 안내
2 국제교류회의 소개와 인사
3 국제교류회의 스태프 모집
**4 국제교류회의 참가자 모집**

| 어휘 | 日程(にってい) 일정　募集(ぼしゅう) 모집

### 問題 3-4番　🎧 46

<ruby>男<rt>おと</rt></ruby>の<ruby>人<rt>ひと</rt></ruby>が<ruby>話<rt>はな</rt></ruby>しています。

남자가 이야기하고 있습니다.

男　<ruby>小学5年<rt>しょうがくごねん</rt></ruby>の<ruby>時<rt>とき</rt></ruby>から<ruby>日記<rt>にっき</rt></ruby>をつけているので、もう<ruby>25年<rt>にじゅうごねん</rt></ruby>も<ruby>日記<rt>にっき</rt></ruby>をつけ<ruby>続<rt>つづ</rt></ruby>けている。<ruby>日記<rt>にっき</rt></ruby>をつければ、まずその<ruby>日<rt>ひ</rt></ruby>、<ruby>何<rt>なに</rt></ruby>が<ruby>起<rt>お</rt></ruby>こったかを<ruby>確認<rt>かくにん</rt></ruby>できる。<ruby>毎日<rt>まいにち</rt></ruby>、<ruby>何<rt>なに</rt></ruby>が<ruby>起<rt>お</rt></ruby>こったかを<ruby>確認<rt>かくにん</rt></ruby>できることで、その<ruby>日<rt>ひ</rt></ruby>の<ruby>出来事<rt>できごと</rt></ruby>に<ruby>対<rt>たい</rt></ruby>して<ruby>後日<rt>ごじつ</rt></ruby>、<ruby>客観的<rt>きゃっかんてき</rt></ruby>に<ruby>考<rt>かんが</rt></ruby>えることができる。また、<ruby>次<rt>つぎ</rt></ruby>の<ruby>計画<rt>けいかく</rt></ruby>を<ruby>立<rt>た</rt></ruby>てることもできる。<ruby>何<rt>なに</rt></ruby>が<ruby>起<rt>お</rt></ruby>こったか<ruby>把握<rt>はあく</rt></ruby>できるということは<ruby>日記<rt>にっき</rt></ruby>をつけることの<ruby>大<rt>おお</rt></ruby>きなメリットだと<ruby>言<rt>い</rt></ruby>える。それから、<ruby>文字<rt>もじ</rt></ruby>にした<ruby>自分<rt>じぶん</rt></ruby>の<ruby>経験<rt>けいけん</rt></ruby>を<ruby>分析<rt>ぶんせき</rt></ruby>できるため、<ruby>物事<rt>ものごと</rt></ruby>を<ruby>客観的<rt>きゃっかんてき</rt></ruby>に<ruby>考<rt>かんが</rt></ruby>えることもできる。また、<ruby>日記<rt>にっき</rt></ruby>をつけることは<ruby>文章力<rt>ぶんしょうりょく</rt></ruby>を<ruby>高<rt>たか</rt></ruby>めてくれる。<ruby>文章<rt>ぶんしょう</rt></ruby>をどのように<ruby>書<rt>か</rt></ruby>けばいいか<ruby>考<rt>かんが</rt></ruby>えることで<ruby>文章<rt>ぶんしょう</rt></ruby>の<ruby>構成力<rt>こうせいりょく</rt></ruby>が<ruby>向上<rt>こうじょう</rt></ruby>する。

남　초등학교 5학년 때부터 일기를 쓰고 있으므로, 벌써 25년이나 일기를 계속 쓰고 있다. 일기를 쓰면 우선 그 날 무슨 일이 일어났는지를 확인할 수 있다. 매일 무슨 일이 일어났는지를 확인할 수 있음으로써, 그 날 일어난 일에 대해 훗날 객관적으로 생각할 수 있다. 또한 다음 계획을 세울 수도 있다. 무슨 일이 일어났는지 파악할 수 있다는 점은 일기를 쓰는 것의 큰 장점이라고 할 수 있다. 그리고 글로 쓴 자신의 경험을 분석할 수 있기 때문에 매사를 객관적으로 생각할 수도 있다. 또한 일기를 쓰는 것은 문장력을 높여 준다. 문장을 어떻게 쓰면 좋을지 생각함으로써 문장의 구성력이 향상된다.

| 어휘 | 小学(しょうがく) 초등학교 ＊小学校(しょうがっこう)」의 준말　日記(にっき)をつける 일기를 쓰다
동사의 ます형+続(つづ)ける 계속 ～하다
起(お)こる 일어나다, 발생하다　確認(かくにん) 확인
出来事(できごと) 일어난 일　後日(ごじつ) 후일, 훗날
客観的(きゃっかんてき) 객관적
計画(けいかく)を立(た)てる 계획을 세우다　把握(はあく) 파악
メリット 장점　文字(もじ) 문장, 글　経験(けいけん) 경험
分析(ぶんせき) 분석　物事(ものごと) 매사
文章力(ぶんしょうりょく) 문장력　高(たか)める 높이다

構成力(こうせいりょく) 구성력  向上(こうじょう) 향상

この話のテーマは何ですか。
1 日記を長くつけられる秘訣
2 日記をつけ始める時
3 日記をつける理由
4 日記のメリットとデメリット

이 이야기의 주제는 무엇입니까?
1 일기를 오랜 기간 쓸 수 있는 비결
2 일기를 쓰기 시작하는 시기
**3 일기를 쓰는 이유**
4 일기의 장점과 단점

| 어휘 | 秘訣(ひけつ) 비결
동사의 ます형+始(はじ)める ~하기 시작하다  デメリット 단점

### 問題 3-5番 🎧47
大学(だいがく)の授業(じゅぎょう)で教授(きょうじゅ)が話(はな)しています。
대학 수업에서 교수가 이야기하고 있습니다.

> **女** 皆(みな)さんのレポートを読(よ)んでみて、いくつか話(はな)しておきたいことがあります。よく聞(き)いてくださいね。まず、他人(たにん)の説(せつ)と自分(じぶん)の説(せつ)の区別(くべつ)は明(あき)らかにすることです。例(たと)えば、引用(いんよう)したなら、どこから引用(いんよう)したのか、明(あき)らかにしなければなりません。それから用語(ようご)の解説(かいせつ)などは、必(かなら)ず注(ちゅう)をつけること。またそのレポートに使(つか)った参考資料(さんこうしりょう)は、すべて最後(さいご)にリストを作(つく)らなければなりません。最後(さいご)に、感情的(かんじょうてき)にならないこと。興奮(こうふん)しないように気(き)をつけて、冷静(れいせい)に述(の)べることです。

> **여** 여러분의 리포트를 읽어 보고 몇 가지 이야기해 두고 싶은 것이 있습니다. 잘 들어 주세요. 우선 다른 사람의 설과 자신의 설의 구분은 분명히 하는 것입니다. 예를 들면 인용했다면 어디에서 인용한 것인지 밝혀야 합니다. 그리고 용어 해설 등은 반드시 주를 달 것. 또 그 리포트에 사용한 참고자료는 모두 맨 뒤에 리스트를 만들어야 합니다. 마지막으로 감정적이 되지 말 것. 흥분하지 않도록 주의하여 냉정하게 서술하는 것입니다.

| 어휘 | 教授(きょうじゅ) 교수  他人(たにん) 타인, 남
説(せつ) 설  区別(くべつ) 구별
明(あき)らかにする 분명히 하다, 밝히다  引用(いんよう) 인용
~なければならない ~하지 않으면 안 된다, ~해야 한다
用語(ようご) 용어  解説(かいせつ) 해설  注(ちゅう) 주, 주석
つける 달다  参考(さんこう) 참고  資料(しりょう) 자료

すべ(全)て 전부, 모두  最後(さいご) 맨 뒤, 마지막
感情的(かんじょうてき) 감정적  興奮(こうふん) 흥분
気(き)をつ(付)ける 조심[주의]하다  冷静(れいせい) 냉정
述(の)べる 말하다, 서술하다

この教授は何についての話をしていますか。
1 レポート作成の要領
**2 レポート作成時の注意点**
3 レポート提出の期限
4 レポート評価の基準

이 교수는 무엇에 대한 이야기를 하고 있습니까?
1 리포트 작성 요령
**2 리포트 작성할 때의 주의점**
3 리포트 제출 기한
4 리포트 평가 기준

| 어휘 | 要領(ようりょう) 요령  注意点(ちゅういてん) 주의점
提出(ていしゅつ) 제출  期限(きげん) 기한  評価(ひょうか) 평가
基準(きじゅん) 기준

### 問題 4-1番 🎧48

> **男** ごちそうさまでした。
> **女** 1 **お粗末(そまつ)さまでした。**
>   2 いただきます。
>   3 いいえ、こちらこそよろしく。

> **남** 잘 먹었습니다.
> **여** 1 **변변치 못했습니다.**
>   2 잘 먹겠습니다.
>   3 아니요, 저야말로 잘 부탁드립니다.

| 어휘 | ごちそうさまでした 잘 먹었습니다
お粗末(そまつ)さまでした 변변치 못했습니다
いただきます 잘 먹겠습니다

### 問題 4-2番 🎧49

> **男** どうしました? 顔色(かおいろ)が悪(わる)いですよ。
> **女** 1 今朝(けさ)は忙(いそが)しくて…。
>   2 **ええ、風邪(かぜ)をひいてしまって。**
>   3 やっぱりかわいいでしょ。

> **남** 왜 그래요? 안색이 나빠요.
> **여** 1 오늘 아침은 바빠서….
>   2 **네, 감기에 걸려 버려서요.**
>   3 역시 귀엽죠?

| 어휘 | 顔色(かおいろ)が悪(わる)い 안색이 나쁘다
今朝(けさ) 오늘 아침  風邪(かぜ)をひ(引)く 감기에 걸리다

## 問題 4-3番 50

女 佐藤さんはどんな人ですか。

男 1 新宿に住んでいます。

**2 明るくて優しい人ですよ。**

3 佐藤さんなら、もう帰りましたよ。

여 사토 씨는 어떤 사람이에요?

남 1 신주쿠에 살고 있어요.

**2 밝고 상냥한 사람이에요.**

3 사토 씨라면 이미 돌아갔어요.

| 어휘 | 優(やさ)しい 상냥하다 帰(かえ)る 돌아가[오]다

## 問題 4-4番 51

女 田中さん、どうしました、30分も遅れましたね。

男 1 すみません、お世話になっております。

2 すみません、お疲れさまでした。

**3 すみません、電車が故障してしまって。**

여 다나카 씨, 무슨 일 있어요? 30분이나 늦었네요.

남 1 죄송합니다, 신세를 지고 있습니다.

2 죄송합니다, 수고하셨습니다.

**3 죄송합니다, 전철이 고장 나 버려서요.**

| 어휘 | 遅(おく)れる (시간에) 늦다, 늦어지다
お世話(せわ)になる 신세를 지다 故障(こしょう)する 고장 나다

## 問題 4-5番 52

男 ごぶさたしました。

女 **1 お久しぶりですね。お元気でしたか。**

2 ご自由にお取りください。

3 いいえ、いつでもどうぞ。

남 격조했습니다.

여 **1 오랜만이네요. 잘 지내셨어요?**

2 마음대로 가져가세요.

3 아니요, 언제든지 쓰세요.

| 어휘 | ごぶさたしました 격조했습니다 取(と)る (손에) 집다

## 問題 4-6番 53

女 山田さん、聞きましたか。田中さん、とうとう念願のマイホームを買ったそうですよ。

男 1 本当に心強いですね。

2 本当に頼もしいですね。

**3 本当にうらやましいですね。**

여 야마다 씨, 들었어요? 다나카 씨, 드디어 염원하던 자기 집을 샀대요.

남 1 정말로 마음 든든하네요.

2 정말로 믿음직하네요.

**3 정말로 부럽네요.**

| 어휘 | とうとう 드디어, 마침내 念願(ねんがん) 염원
マイホーム 마이 홈, 자기 집 心強(こころづよ)い 마음 든든하다
頼(たの)もしい 믿음직하다 うらやましい 부럽다

## 問題 4-7番 54

男 今夜、一杯付き合いませんか。

女 1 すみません、私好きな人がいるので。

**2 いいですね。**

3 本当に人が一杯いますね。

남 오늘 밤 한 잔 같이 하지 않을래요?

여 1 죄송해요, 저 좋아하는 사람이 있어서.

**2 좋지요.**

3 정말로 사람이 가득 차 있네요.

| 어휘 | 今夜(こんや) 오늘 밤 一杯(いっぱい) (술) 한 잔, 가득 참
付(つ)き合(あ)う (의리나 사교상) 함께 하다

## 問題 4-8番 55

男 さすが彼女、目が高いですね。

女 1 だから結婚できないんですよ。

2 たぶん、160センチぐらいでしょうね。

**3 そうですね、この茶碗を選ぶなんて…。**

남 과연 그녀, 보는 눈이 있네요.

여 1 그러니까 결혼 못하는 거예요.

2 아마 160cm 정도겠지요.

**3 그러게요, 이 찻종을 고르다니….**

| 어휘 | さすが (예상·평판대로) 과연
目(め)が高(たか)い 보는 눈이 있다, 안목이 높다 たぶん 아마
茶碗(ちゃわん) 찻종 選(えら)ぶ 고르다 ~なんて ~하다니

### 問題 4-9番 56

女 今年こそ10キロやせる!

男 1 すぐに上達すると思わない方がいいよ。

2 三日坊主で終わらないようにね。

3 甘いものばかり食べているとそうなるよ。

여 올해야말로 10kg 살 뺄 거야!

남 1 바로 실력이 향상될 거라고 생각하지 않는 편이 좋아.

**2 작심삼일로 끝나지 않도록 해.**

3 단 것만 먹고 있으면 그렇게 돼.

| 어휘 | ～こそ ～야말로 や(痩)せる 여위다, 살이 빠지다
上達(じょうたつ) 실력이 향상됨
三日坊主(みっかぼうず) 작심삼일

### 問題 4-10番 57

女 あの二人、けんかしたらしいですよ。

男 **1 どうりで朝から口も利かないわけですね。**

2 あの二人は相変わらず仲良しですね。

3 えっ?! 早く止めに行きましょうよ。

여 저 두 사람, 싸운 것 같아요.

남 **1 어쩐지 아침부터 말도 안 하더라고요.**

2 저 두 사람은 여전히 사이가 좋네요.

3 넷?! 빨리 말리러 가자고요.

| 어휘 | どうりで 어쩐지 口(くち)を利(き)く 말을 하다
～わけだ ～할 만도 하다 *결과로 그것이 당연하다는 뜻을 나타냄
相変(あいか)わらず 여전히
仲良(なかよ)し 사이가 좋음, 친한 친구 止(と)める 말리다

### 問題 4-11番 58

男 うちの息子は、なかなか友だちが作れません。

女 **1 人見知りする性格ですか。**

2 社交的な性格ですか。

3 負けず嫌いな性格ですか。

남 우리 아들은 좀처럼 친구를 만들지 못해요.

여 **1 낯가리는 성격인가요?**

2 사교적인 성격인가요?

3 지기 싫어하는 성격인가요?

| 어휘 | うち 우리 息子(むすこ) (자신의) 아들
人見知(ひとみし)り 낯가림 社交的(しゃこうてき) 사교적
負(ま)けず嫌(ぎら)い (유달리) 지기 싫어함

### 問題 4-12番 59

女 懐かしい歌が流れていますね。

男 1 これが来月発売される彼の新曲ですか。

2 この曲作るのにどのくらいかかりましたか。

**3 ええ、子供の頃が思い出されますね。**

여 그리운 노래가 흘러나오고 있네요.

남 1 이게 다음 달에 발매되는 그의 신곡이에요?

2 이 곡 만드는 데 어느 정도 걸렸어요?

**3 네, 어린 시절이 떠오르네요.**

| 어휘 | 懐(なつ)かしい 그립다
流(なが)れる (소리가) 흘러나오다, 들려오다 発売(はつばい) 발매
新曲(しんきょく) 신곡 かかる (시간이) 걸리다
思(おも)い出(だ)す (잊고 있던 것을) 생각해 내다, 떠올리다

### 問題 5-1番 60

大学で、先輩と後輩がボランティア活動について話しています。

대학에서 선배와 후배가 자원봉사활동에 대해서 이야기하고 있습니다.

男 高橋先輩、先輩はボランティア活動したことありますか。

女 うん、あるわよ、今もやってるし。どうしたの? 佐藤君もやりたいの?

男 ええ、僕もしたいと思ってはいるんですが、何をすればいいのかちょっとわからなくて…。

女 そんなに難しく考えなくてもいいって。例えば、街のゴミを拾う活動も立派なボランティア活動でしょ。

男 ま、それはそうですけど、僕は何かもっとやりがいがあるっていうか、そんな活動がしたいんです。

女 だったら、老人ホームや介護施設へ行って、お年寄りの話し相手をしたり、車椅子の人の散歩をお手伝いしたりするのはどう?

男 あ、それもいいけど、僕は自分の得意なこととか、専門を活かしたいですね。

女 専門を活かしたい? 佐藤君の専門って体育だったよね。じゃ、スポーツマッサージとかできるの?

男 ええ、もちろんできますよ。

女 では、さっき言ってた施設でやればいいんじゃないの? お年寄りはみんなスポーツマッサージ受けたがるから…。

男 僕正直言って、お年寄りはちょっと苦手なんですよ。でも専門を活かせるなら、いい経験になると思いますので、やってみます。

남 다카하시 선배님, 선배님은 자원봉사활동 한 적 있어요?

여 응, 있지, 지금도 하고 있고. 왜? 사토 군도 하고 싶어?

남 네, 나도 하고 싶기는 한데, 뭘 하면 좋을지 잘 몰라서….

여 그렇게 어렵게 생각하지 않아도 된다니까. 예를 들면 거리의 쓰레기를 줍는 활동도 훌륭한 자원봉사활동이잖아.

남 뭐, 그건 그렇지만 나는 뭔가 좀 더 보람이 있다고 할까, 그런 활동을 하고 싶거든요.

여 그렇다면 양로원이나 개호시설에 가서 어르신의 말동무를 해 드리거나 휠체어 탄 사람의 산책을 도와드리거나 하는 건 어때?

남 아, 그것도 좋지만, 나는 내가 잘하는 거라든지 전공을 살리고 싶어서요.

여 전공을 살리고 싶다고? 사토 군의 전공은 체육이었지? 그럼, 스포츠 마사지라든지 할 수 있어?

남 네, 물론 할 수 있죠.

여 그럼, 아까 말했던 시설에서 하면 좋지 않겠어? 어르신은 모두 스포츠 마사지 받고 싶어하시니까….

남 나 솔직히 말해서 어르신은 좀 벅차서요. 하지만 전공을 살릴 수 있다면 좋은 경험이 될 것 같으니까 해 볼게요.

| 어휘 | 先輩(せんぱい) 선배　後輩(こうはい) 후배
ボランティア 자원봉사　活動(かつどう) 활동　拾(ひろ)う 줍다
やりがい 하는 보람　老人(ろうじん)ホーム 양로원
介護施設(かいごしせつ) 개호시설
話(はな)し相手(あいて) 말동무　車椅子(くるまいす) 휠체어
手伝(てつだ)う 도와주다　得意(とくい) 잘함, 자신 있음
専門(せんもん) 전문, 전공　活(い)かす 살리다, 발휘하다
体育(たいいく) 체육　~たがる (제삼자가) ~하고 싶어하다
苦手(にがて) 다루기 어려운 상대, 대하기 싫은 상대

男の学生が決めたボランティア活動は、どんな活動ですか。

1 お年寄りを対象に話し相手をする。
2 高齢者のリハビリを助ける。
**3 高齢者が好きなことをしてあげる。**
4 地元の街をきれいに掃除する。

남학생이 결정한 자원봉사활동은 어떤 활동입니까?
1 어르신을 대상으로 말동무를 한다.
2 고령자의 재활치료를 돕는다.
**3 고령자가 좋아하는 것을 해 준다.**
4 내 고장의 거리를 깨끗하게 청소한다.

| 어휘 | 対象(たいしょう) 대상　高齢者(こうれいしゃ) 고령자
リハビリ 재활치료　助(たす)ける 돕다
地元(じもと) 자기의 생활 근거지, 자기가 살고 있는 지역

## 問題 5-2番 61

男の人と女の人がネットで映画のチケットを予約しようとしています。

남자와 여자가 인터넷으로 영화표를 예약하려고 하고 있습니다.

男 どこにしようか。真ん中のいい席はもうほとんど埋まってる。前か後ろか、端の席しか残ってない。

女 あれ、ほんとだ。

男 前の方にする?

女 前だと首も痛くなるし、目も痛くなるよ。

男 だったら、後ろ?

女 ごめん、あまり後ろだと、何だか映画の感動が薄れてしまうような気がして…。

男 それなら、端の席しかないよ。端だと画面がよく見えないんじゃないかな。

女 そうね、端の席もちょっとね…。

男 どうする?

女 じゃ、いっそのこと真ん中の席にしよう。

男 真ん中の席? でも、そこは隣同士の席がもうないって。

女 いいの、この映画すごく見たかったのよ。よく見えるところでその感動を味わいたいの。

男 え? じゃ、別々に座ってもいいってこと?

女 いつも一緒なんだから、映画見る時ぐらい、いいんじゃない。

男 へ~、冷たいな。

남 어디로 할까? 한가운데 좋은 자리는 이미 거의 차 있어. 앞이나 뒤나 가장자리 자리밖에 남아 있지 않.

여 어머, 정말이네.

남 앞쪽으로 할래?

여 앞이라면 목도 아파지고 눈도 아파져.

남 그렇다면 뒤?

여 미안, 너무 뒤면 왠지 영화의 감동이 줄어들 것 같은 느낌이 들어서….

남 그러면 가장자리 자리밖에 없어. 가장자리면 화면이 잘 안 보이지 않나.

여 그러게, 가장자리 자리도 좀 그러네….

남 어떻게 할래?

여 그럼, 차라리 한가운데 자리로 하자.

남 한가운데 자리? 그런데 거기는 같이 앉을 수 있는 자리가 이미 없다니까.

여 괜찮아, 이 영화 굉장히 보고 싶었거든. 잘 보이는 곳에서 그 감동을 맛보고 싶어.

남 뭐? 그럼, 따로따로 앉아도 좋다는 거야?

여 항상 같이 있으니까, 영화 볼 때 정도 괜찮잖아?

남 허, 냉정하네.

| 어휘 | 真(ま)ん中(なか) 한가운데
埋(う)まる 메워지다, 가득 차다  端(はし) 가장자리
席(せき) 자리, 좌석  何(なん)だか 웬일인지, 어쩐지
感動(かんどう) 감동  薄(うす)れる 줄어들다
画面(がめん) 화면  いっそのこと 차라리 *「いっそ」의 강조
隣同士(となりどうし) 서로 이웃이 되는 관계
味(あじ)わう 맛보다  別々(べつべつ) 따로따로임  座(すわ)る 앉다

この二人(ふたり)は、どこの席(せき)を予約(よやく)しますか。
1 右(みぎ)の端(はし)か左(ひだり)の端(はし)の席(せき)
2 一番後(いちばんうし)ろの席(せき)
3 真(ま)ん中(なか)の二人(ふたり)並(なら)んで座(すわ)れる席(せき)
4 真(ま)ん中(なか)のばらばらの席(せき)

이 두 사람은 어디 자리를 예약합니까?
1 오른쪽 가장자리나 왼쪽 가장자리 자리
2 맨 뒤쪽 자리
3 한가운데 두 사람이 나란히 앉을 수 있는 자리
**4 한가운데 따로 떨어진 자리**
| 어휘 | 並(なら)ぶ 나란히 하다
ばらばら 뿔뿔이 흩어져 있는 모양

**問題 5-3番** 🎧 62
公民館(こうみんかん)の職員(しょくいん)が、公民館(こうみんかん)の講座(こうざ)について話(はな)しています。
공민관 직원이 공민관 강좌에 대해서 이야기하고 있습니다.

男1 笑顔(えがお)あふれる東村(ひがしむら)の公民館(こうみんかん)では、次(つぎ)のような講座(こうざ)を設(もう)けているので、ご案内(あんない)いたします。まず、「防災教室(ぼうさいきょうしつ)」です。身近(みぢか)なことから、今(いま)自分(じぶん)たちがすぐにでもできる防災(ぼうさい)について学(まな)ぶ講座(こうざ)です。次(つぎ)は、「韓国語入門(かんこくごにゅうもん)」。韓国語(かんこくご)を知(し)り、書(か)ける、読(よ)める楽(たの)しみを感(かん)じてみませんか。それから「パンとデザート作(づく)り」です。家(いえ)でも簡単(かんたん)にできる焼(や)き立(た)てのパンとおしゃれなデザート作(づく)りを楽(たの)しみましょう。最後(さいご)は、「はじめよう、絵本読(えほんよ)み聞(き)かせ」です。子(こ)どもの想像力(そうぞうりょく)や心(こころ)を育(はぐく)む絵本(えほん)の選(えら)び方(かた)、読(よ)み聞(き)かせのコツなどを学(まな)びます。親子(おやこ)で参加(さんか)可能(かのう)です。すべての講座(こうざ)は土曜日(どようび)で、受講料(じゅこうりょう)は無料(むりょう)です。ただし、教材費(きょうざいひ)が必要(ひつよう)な講座(こうざ)、各自(かくじ)で道具(どうぐ)を準備(じゅんび)していただく必要(ひつよう)がある講座(こうざ)があります。みなさん、振(ふ)るってご参加(さんか)ください。

男2 いろいろな講座(こうざ)があるよね。無料(むりょう)だし、とってみようか。

女 うん、無料(むりょう)っていうのがいいね。土曜日(どようび)だから気軽(きがる)に行(い)けるし。

男2 そうだね、どれにしようか…。

女 私(わたし)はこれ。

男2 あれ? 外国語(がいこくご)苦手(にがて)じゃなかったっけ?

女 でも最近(さいきん)韓流(ハンりゅう)ブームだし、覚(おぼ)えておけば、好(す)きな歌手(かしゅ)の歌(うた)を聞(き)く時(とき)、いちいち訳(やく)したのを見(み)なくてもいいから。

男2 ふん、君(きみ)は高校時代(こうこうじだい)から好(す)きだったよね。

女 うん、じゃ、宮本君(みやもとくん)は?

男2 僕(ぼく)は、これ。

女 え～、それ?

男2 うん、兄(あに)の子供(こども)が今(いま)3歳(さんさい)なんだけど、すごくかわいいんだ。これやってあげよう。

女 いいおじさんだね。

남1　미소가 넘치는 히가시무라 공민관에서는 다음과 같은 강좌를 만들었으므로 안내해 드립니다. 우선 '방재교실'입니다. 일상의 일부터 지금 우리가 당장이라노 할 수 있는 방재에 대해서 배우는 강좌입니다. 다음은 '한국어 입문'. 한국어를 알고 쓸 수 있고 읽을 수 있는 즐거움을 느껴 보지 않겠습니까? 그리고 '빵과 디저트 만들기'입니다. 집에서도 간단히 할 수 있는 갓 구운 빵과 멋진 디저트 만들기를 즐깁시다. 마지막은 '시작하자, 그림책 읽어 주기'입니다. 아이의 상상력과 마음을 키우는 그림책 고르는 법, 읽어 주기의 비결 등을 배웁니다. 아이와 함께 참가할 수 있습니다. 모든 강좌는 토요일이며, 수강료는 무료입니다. 단, 교재비가 필요한 강좌, 각자가 도구를 준비할 필요가 있는 강좌가 있습니다. 여러분 적극적으로 참가해 주십시오.

---

남2　여러 가지 강좌가 있네. 무료겠다, 수강해 볼까?
여　응, 무료라는 게 좋네. 토요일이니까 부담없이 갈 수 있고.
남2　그러게, 어느 걸로 할까….
여　난 이거.
남2　어라? 외국어 질색하지 않았나?
여　그런데 요즘 한류 붐이고, 배워 두면 좋아하는 가수 노래를 들을 때 일일이 번역한 걸 보지 않아도 되니까.
남2　흠, 너는 고등학교 때부터 좋아했지.
여　응, 그럼, 미야모토 군은?
남2　나는 이거.
여　와~, 그거?
남2　응, 형 아이가 지금 세 살인데 굉장히 귀여워. 이거 해 줘야지.
여　좋은 삼촌이네.

| 어휘 | 公民館(こうみんかん) 공민관, 주민을 위한 회관 *우리나라의 시민회관·구민회관·마을회관 등에 해당함
講座(こうざ) 강좌　笑顔(えがお) 웃는 얼굴, 미소
あふ(溢)れる (가득 차서) 넘치다　設(もう)ける 만들다, 설치하다
防災(ぼうさい) 방재, 재해를 방지함　身近(みぢか) 밀접함, 가까움
学(まな)ぶ 배우다　入門(にゅうもん) 입문　焼(や)く 굽다
동사의 ます형+立(た)て 막[갓] ~함　絵本(えほん) 그림책
読(よ)み聞(き)かせ (어린이·시각 장애인 등에게) 문장을 읽어서 들려 줌, 낭독해 줌
想像力(そうぞうりょく) 상상력
育(はぐく)む 키우다, 보호 육성하다
동사의 ます형+方(かた) ~하는 법　コツ 비결
受講料(じゅこうりょう) 수강료　無料(むりょう) 무료
教材費(きょうざいひ) 교재비　各自(かくじ) 각자
道具(どうぐ) 도구　準備(じゅんび) 준비　振(ふ)るって 적극적으로
気軽(きがる) 부담없음　苦手(にがて) 질색
韓流(ハンりゅう) 한류 *「ハン」은 「韓」의 한국어 발음　ブーム 붐
覚(おぼ)える 배우다, 익히다　訳(やく)す 번역하다

**質問1**

男の人はどの講座を選びましたか。

1 防災教室
2 韓国語入門
3 パンとデザート作り
**4 はじめよう、絵本読み聞かせ**

남자는 어느 강좌를 골랐습니까?

1 방재교실
2 한국어 입문
3 빵과 디저트 만들기
**4 시작하자, 그림책 읽어 주기**

**質問2**

女の人はどの講座を選びましたか。

1 防災教室
**2 韓国語入門**
3 パンとデザート作り
4 はじめよう、絵本読み聞かせ

여자는 어느 강좌를 골랐습니까?

1 방재교실
**2 한국어 입문**
3 빵과 디저트 만들기
4 시작하자, 그림책 읽어 주기

# JLPT N2
# 모의고사 단기완성

2회분

- 실전 대비를 위한 모의고사 2회분 수록
- 해석·어휘 및 청해 스크립트, 정답 제공
- 저자 온라인 개인지도 서비스 kuzirachan@hanmail.net

MP3 파일 무료 다운로드
저자직강 핵심문제풀이 무료 동영상 8강 제공
www.ybmbooks.com